JN024264

心心

思想としての

インド仏教

内在する仏

如来蔵

SUZUKI Takayasu

鈴木隆泰

春秋社

シリーズ思想としてのインド仏教

内在する仏　如来蔵

目次

第五章　如来蔵思想の展開……185

シリーズ思想としてのインド仏教

内在する仏　如来蔵

序章　如来蔵とは何か

（一）如来蔵の語源

「如来蔵」の原語は「タターガタ・ガルバ」といい、「タターガタ」と「ガルバ」よりなる合成語である。「タターガタ」は「如来」を、「ガルバ」が「子宮、容器、内容物、胎児、本性」等を表す語である。

「如来」は「真如（真理、覚り）と一体となったもの」「真如より来至したもの」等の意[1]で、覚りを得て衆生を救済するブッダのことを指す。読者の方々にも馴染みのある用語であろう。鍵となるのは合成語の後分をなす「ガルバ」である。この「ガルバ」を後分とする合成語は、「〜を内に宿す」「〜を本性とす

【1】本書第一章第二節「真如」の項参照。

る」等の意味を有する。一切衆生が如来蔵である（如来を蔵(かく)している）ことを九つの譬喩(ひゆ)を通してコンパクトに、そして集中的に教示する『如来蔵経[2]』によれば、

一切衆生は「タターガタ・ガルバ」である。

すなわち、

一切衆生は如来を本性とするものたちである。

と説かれている。この提言は、

一切衆生は如来としての本性を有している。

と同じ内容であるため、「如来としての本性＝如来蔵」を独立した術語とし

【2】『タターガタ・ガルバ・スートラ』。「如来蔵に関する経」の意。三世紀中葉までには成立。漢訳には、東晋・仏駄跋陀羅訳『大方等如来蔵経』一巻、および唐・不空訳『大方広如来蔵経』一巻がある。ただし『如来蔵経』は、如来蔵思想を初めて表明した経典ではない。

て扱うと、

　一切衆生は如来蔵を有している。

と表現することが可能となる。これはいうまでもなく、この思想の創唱者とされる『涅槃経』【3】における、

　一切衆生は仏性【4】（＝如来蔵）を有している（一切衆生悉有仏性）。

と完全に重なることになる。如来蔵である一切衆生、あるいは、如来蔵・仏性を有する一切衆生は、その内なる如来のおかげで、誰もが例外なく成仏が可能となる。いわば如来蔵・仏性は、一切衆生の成仏の可能性であり、彼らに対する成仏の確約でもあるのである。

　では、この「如来蔵、仏性」の観念を中心に据える「如来蔵思想」とは、どのように定義されうるであろうか。単純に考えれば、

【3】『マハー・パリニルヴァーナ・マハースートラ』。「苦の終滅に関する詳細な大経」の意。二世紀中葉までには成立していた可能性がある一方で、四世紀成立説も唱えられるなど、成立年代に関する見解は研究者によって幅がある。漢訳には、東晋・法顕訳『仏説大般泥洹経』六巻、北涼・曇無讖訳『大般涅槃経』四十巻等がある。

【4】原語は「ブッダ・ダートゥ」。「ブッダの遺骨」「ブッダの構成要素」「ブッダの本質」等の意味を持ち、「如来蔵」とは同義に用いられる。本書第一章第二節「仏性」の項参照。

如来蔵思想：一切衆生は如来を本性とするものたちである、とする教説

ということになると思われるかもしれないが、ことはそう簡単ではない。この思想においては、一切衆生が如来蔵であること、そしてそれによって成仏が可能であることは、衆生本人には全く自覚できず、ただひたすら「そなたたちは如来蔵なのだ、仏性があるのだ、だからこそ成仏が可能なのだ」と説く、衆生に対して大慈悲を抱く如来を信じるほかはないからである。そのため、この点に注意して厳密な定義をすれば[5]、

如来蔵思想：一切衆生は如来を本性としており、そのことに基づいて、万人がブッダに成り得る可能性を如来が衆生の内に見いだして、そのことを大慈悲に基づいて衆生に知らしめ、衆生に信を生じさせる教説

ということになるであろう。大乗仏教では、『華厳経（けごんきょう）』[6]の「信は道の元、功

【5】下田［2014: 35］を参考にした。

【6】『ブッダ・アヴァタンサカ（ブッダーヴァタンサカ）』。「ブッダの華飾り」の意。五世紀前半までに成立。漢訳は、東晋・仏陀跋陀羅による六十巻本、唐・実叉難陀による八十巻本、唐・般若による四十巻本がある。

徳の母となす」や、『大智度論』[7]の「仏法の大海は信を能入となす」などの教説や、阿弥陀仏や観音菩薩等の諸仏・諸菩薩に対する信仰もあり、それ以前の仏教に比べると、「信」に大きな重きを置いている。如来蔵思想は何を措いても「信」に根ざす思想であり、この点において、「信」に重きをなす大乗仏教の正系に位置しているといえるのである。また、「万人がブッダに成り得る可能性を如来が衆生の内に見いだして、そのことを大慈悲に基づいて衆生に知らしめ」るという点において、如来の救済者としての側面が強く表れていることが分かる。

（二）如来蔵研究史

東アジア仏教界においては、伝統的にこの思想は、『涅槃経』『大乗起信論』『仏性論』[8]等に基づいて研究されてきた。本書はインド仏教における如来蔵の解説を旨とするため、本節ではその間の事情については触れず、近代仏教学における研究史を概観することとする。[9]

【7】原題は『マハー・プラジュニャー・パーラミター・ウパデーシャ（マハー・プラジュニャー・パーラミトーパデーシャ）』と推定される。「大品般若経の注釈書」の意。五世紀前半までに成立。龍樹撰述とされ、鳩摩羅什による漢訳百巻のみが伝わる。

【8】『大乗起信論』は馬鳴の作で真諦と実叉難陀による二種類の漢訳がある。『仏性論』は世親が撰述し真諦が六世紀に漢訳したとされる。どちらも漢訳しか伝わらず、このうち『大乗起信論』は中国撰述である可能性が高いとされる。

【9】本節は下田［2014］に拠る。

如来蔵思想が近代の仏教学界に紹介されたのは、オーバーミラーによるチベット訳『宝性論』[10]からの英訳の出版（一九三一）である。これを契機に、日本でも宇井伯寿の研究（一九三二）や月輪賢隆の研究（一九三五）が続き、それまでの『大乗起信論』『仏性論』から研究の軸が、『宝性論』へと大きく移行することとなった。

その後、一九五〇年にジョンストンが『宝性論』のサンスクリット校訂テクストを刊行したことによって、如来蔵思想研究は一大転機を迎えることとなった。如来蔵思想をインドの脈絡のみならず、インド語の文脈で読み解いていく準備が調ったからである。ヨーロッパにおいてはフラウワルナーが『仏教哲学』を出版し（一九五六）、この思想を時代的に中観派[11]と瑜伽行派[12]の二大学派の間に立つものとして紹介した。日本では宇井伯寿が、梵文和訳と漢訳とを対照させた『宝性論研究』を出版し（一九五九）、高崎直道は梵文英訳をローマで出版した（一九六六）。この英訳にはドゥ・ヨングとシュミットハウゼンによる書評研究が続いた（一九六八、一九七一）。

一方、チベットに伝わっていた『宝性論』の解釈に基づいて如来蔵思想を解

【10】『宝性論』については、本書第四章参照。

【11】本書第一章注【133】参照。

【12】本書第一章注【67】参照。

明しようとしたのがルエッグによる研究（一九六九、一九七三）である。この両研究によって、これまで中観派と瑜伽行派という二大学派に事実上限定されていたインド・チベットの大乗仏教思想研究に、大きな意識改革がもたらされた。これに刺激を受けるかたちで、高崎直道は『如来蔵思想の形成』を出版する（一九七四）。これは、『宝性論』に引用されていない経典を含め、八十に及ぶ大乗経論を研究対象とし、『宝性論』に向かって整備されてゆく如来蔵思想前史を解明した、如来蔵思想研究における金字塔と呼べるものである。

一九八〇年代の後半になると写本の研究が進展した。松田和信は中央アジア写本の中から『涅槃経』の断片を発見し（一九八八）、これは幅田裕美によってさらに精緻に整えられていった（二〇〇七）。『涅槃経』の研究に関していえば、下田正弘による『涅槃経の研究』がその白眉たるものであろう（一九九七）。『涅槃経』の諸異訳を対照する同書は、『原始涅槃経』を再構成する過程を通して、『涅槃経』における仏性の観念が、仏塔（ストゥーパ）を内化することを通して誕生したことを明かした。

一方、『如来蔵経』の成立過程を明かしたツィンマーマンは、『如来蔵経』における「如来蔵」という用語の意味が「完成された仏」を意味していることを解明し、従来あった「胎児」の意味を退けた（二〇〇二）。近年では、ラディッチが、それまで「傍系」と見なされていた『涅槃経』こそ如来蔵思想の生みの親であるとし、高崎直道が示したいくつかの基本的理解に修正を迫るに至っている（二〇一五）。

ここでひとつ付言しておきたい。それは、袴谷憲昭や松本史朗に代表される「批判仏教」である（一九八九）。批判仏教は、如来蔵思想が世界の二元的様相[13]を前提とせずに、現実世界を単純に肯定する一元論であると解釈する。しかし、迷いと覚り、凡夫と如来などの二元構造で示される世界の様相は、仏教に限らず、あらゆる宗教にとって大前提となるものである。現実世界をそのまま肯定するのであれば、そもそも宗教が存在する必然性がなくなるであろう。事情は如来蔵思想においても全く同様である。如来蔵思想を含め、様々な宗教がそれぞれ提示するものは、一元的に見えていた世界が実は二元的であったことへの自覚と、その二元構造を構成する両者の間に存在する隔絶の解釈、および回復なのである。

【13】迷いと覚り、此岸と彼岸、輪廻と涅槃、凡夫と如来などの二元構造のこと。

「如来（タターガタ）」や「仏（ブッダ）」に「蔵（ガルバ）」や「性（ダートゥ）」が付加されて「如来─蔵（タターガタ・ガルバ）」や「仏─性（ブッダ・ダートゥ）」となったとき、如来・仏は〈衆生の側にある〉というあらたな差異を帯びることになる。すなわち「蔵」や「性」は、如来・仏を衆生の側に降ろしていく──差異化する──はたらきを持つ。

これによって、たしかに衆生は「可能態としての如来・仏」という新たな差異を帯び、如来・仏の位置にまで上昇させられる。しかしこれは、如来・仏が如来蔵・仏性となった差異化によって発生した、いわば、第二次的な差異なのであって、「まず如来・仏が差異化され、次に衆生が差異化される」という、不可逆的な順序を違えてはならない。衆生の中に如来蔵・仏性を発見し、それを「一切衆生は如来蔵である、一切衆生悉有仏性」と宣言できるのは、常に如来・仏のみであるからである。如来・仏であることからの〈絶えざる遅れ〉としての衆生の本性が認められるとき、そこに如来蔵・仏性思想が成立するのであるから、「蔵・性」がもたらす如来と衆生との間の差異を、批判仏教者の言うように空間的、同時的なものととらえてはならないのである。

また、以上から分かるように、如来蔵思想は、時間を超えた絶対的真理（如来・仏）が、歴史的、人格的な次元（一切衆生）にいかに現れてくるかを課題としている。したがって、このことから如来蔵思想は、仏教における「救済論」とも呼びうるのである。

第一章　如来蔵思想に関わる経典と用語

（一）如来蔵思想を説く主要な経典

『涅槃経』[1]

本経はクシナガラにおいて入滅（涅槃[2]）を目前に控えた釈尊(しゃくそん)[3]が、それまで秘めていた自らの真意（密意(みっち)[4]）を開顕するという構成を持つ。その教説の中心は、「入滅を控えているとはいいながら、実はブッダ[5]如来[6]の真の姿は、常住・無為[7]な法身(ほっしん)[8]であること」（如来常住）、および「一切衆生が、その常住・無為なブッダ如来の本性を、如来蔵（タターガタ・ガルバ）・仏性（ブッダ・ダートゥ[9]）として自らの内に宿していること」（一切衆生悉有仏性）の二者である。『涅槃経』

【1】本書序章注【3】参照。

【2】原語は「ニルヴァーナ」。「煩悩の火が吹き消された状態」を原義とし、「覚り」「入滅」の両者を指すのに用いられる。「完全な」を意味する接頭辞「パリ」を伴った「パリニルヴァーナ」も、表すところに大差はない。

【3】「釈迦牟尼（シャーキャムニ。〝釈迦族出身の聖者〟の意）世尊（バガヴァット。原義は〝福徳ある者〟であるが〝輪廻を超越した絶対者〟の意で用いられる）」の略称とされる。「釈迦（シャーキャ）」は氏族名であり、元来個人名ではない。ただし、「釈迦牟尼」の略称として用いられることはある。

【4】教説の文言の表面上に出ていない話者の真意。そのような真意があるとき、「この教説には密意（サンディ）がある」といわれる。

【5】「（真理に）目覚める」という意味の動詞「ブドゥ」の過去分詞形。「（真理に）目覚めた

は成立に新古の層があり、如来常住を説く前半を「第一類」、如来蔵・仏性を説く後半を「第二類」と呼ぶ[10]。

『涅槃経』第一類は、主題である如来の常住性・自在性を表現するためにアートマン[11]の属性を借用し、如来はアートマンであると宣言した。

> 比丘たちよ、（中略）ちょうど酔っ払いには、天空・山頂・大地・太陽・月・木・山などが、回ってもいないのに回っているかのように見えるのと同様に、多くの顛倒した想念にとらわれた愚者たちは、〝アートマンである、常住である、安楽である、清浄である〟という想いを常に行じている。ここでアートマン（我）というのはブッダという意味である。常住（常）というのは法身の意味である。安楽（楽）というのは涅槃の意味である。清浄（浄）というのは法の別名である。（中略）
>
> 苦を楽と想うのは顛倒である。楽を苦と想うのも顛倒である。無常を常住と想うのは顛倒である。常住を無常と想うのも顛倒である。無我なのにアートマンがあると想うのは顛倒である。アートマンがあるのに無我と想

者」「覚者」を表す。仏教では、真理に目覚めた釈尊以外の複数のブッダの存在も説かれるため、「釈尊はブッダである」は常に真であるが、「ブッダは釈尊である」は文脈によっては偽となる。

【6】「如来」については、本章第二節「真如」の項参照。

【7】原語は「アサンスクリタ」。「因（直接的な原因。ヘートゥ）や縁（間接的な条件。プラティヤヤ）によって作られておらず、不生不滅の存在」を意味する。

【8】原語は「ダルマ・カーヤ」であり、「法よりなる（常住な）身体を有している」を原義とする。本章第二節「法身」の項参照。

【9】本章第二節「仏性」の項参照。

【10】下田［1997］。ただし、曇無讖訳（四十巻）の場合、第十巻相当部までに限る。

うのも顛倒である。不浄を浄と想うのは顛倒である。浄を不浄と想うのも顛倒である。これらの四顛倒を正しく知らないままに、汝らは修習してきたのである。

汝らは楽を苦であると修習した。常住を無常である、アートマンがあるのに無我である、浄を不浄であると修習した。世俗のものにも楽・アートマン・常住・浄が存在する。出世間のものにも楽・アートマン・常住・浄が存在する。そこにはそれぞれ違いがあるのだ。文字というのは世俗のものの意味である。義というのは出世間の智である。[12]

アートマンである如来は法よりなる常住な身体を有し（法身）、無為・清浄であるのに対し、衆生は無常・有為[13]・不浄であって、両者の間は隔絶している。そしてその隔絶を埋めるため、衆生の側には完成態である如来へと向かう強い宗教的情熱が喚起されることになる。『涅槃経』第一類のトレーガー[14]（編纂者・支持者）は自らを法師[15]と称し、組織化された教団を持たず、ヒンドゥー社会のタブー[16]に対しても配慮しない。布施[17]を重んじ三昧[18]には無関心である。この

【11】ウパニシャッド（ヴェーダ聖典の最終部）において到達された、常住・単一・主宰の個人主体・個人原理、自己の本体。本章第二節「我（アートマン）」の項参照。

【12】『涅槃経』(mDo. Tu 32b2–33a5)。

【13】原語は「サンスクリタ」。「因（原因）や縁（条件）によって作られた、生滅（しょうめつ）する存在」を意味する。

【14】原語はドイツ語「Träger」。「担い手」の意。

【15】原語は「ダルマ・カティカ」や「ダルマ・バーナカ」。「教えを説く者」の意。

【16】たとえば、肉食（にくじき）を不浄として忌避するなど。

【17】原語は「ダーナ」。財施・法施・無畏施の三種があるとされ、財施は在家者の代表的な修行。

【18】原語は「サマーディ」。

第一類という段階でいったん『涅槃経』の編纂は終了している。

主に『大雲経（だいうんきょう）』[19]と大衆部（だいしゅぶ）[20]の影響のもと（ただし『大雲経』自体がすでに大衆部を背景にしていた可能性も示唆される）、『涅槃経』は再び第二類へと向けて動き出す。第二類の最初に位置する「四法品第八」のトレーガーには、『大雲経』のトレーガーとの共通点が多く看取できる。しかし一方では、後者（『大雲経』のトレーガー）が三昧を修習する菩薩[21]たちの個人的紐帯の元にあったのに対し、前者（「四法品第八」のトレーガー）はヒンドゥー社会のタブーを考慮し組織化された教団へと向かう指向性を有している点で、両者には相容れない面も見られる。

「四法品第八」に見られる断肉[22]、世間随順[23]を通じての如来と菩薩の重ね合わせ（同一視）、三昧の重視、如来・解脱の実在（不空）の主張、トレーガーが法師ではなく菩薩であること、これらは全て『大雲経』の段階で用意されていたものである。ただし、断肉では、『大雲経』が三昧を修する菩薩に関する限定的断肉であったのに対し、「四法品第八」ではヒンドゥー社会のタブーを考慮した全面的断肉となった。如来・解脱に関しては、常住・自在・実在に加えて

瞑想のこと。出家者の代表的な修行。

【19】本節『大雲経』の項参照。

【20】仏滅後百年頃に起こった部派の分裂（根本分裂）において、仏教僧団（サンガ）は保守的な上座部（スタヴィラ・ヴァーダ）と進歩的な大衆部（マハーサーンギカ）に分かれたとされる。

【21】原語は「ボーディ・サットヴァ」。「覚り・菩提（ボーディ）を得ることが確定している衆生（サットヴァ）」の意。初期仏教における菩薩が、限られた数のブッダの前身を指す固有名詞であったのに対し、大乗仏教では菩薩の観念を、理念的には万人に開放したといわれる。

【22】肉食を断つこと。

【23】如来や菩薩などが世間の人々の機根（能力・性質）の別に応じて、様々な働きを示すこと。原語は「ローカ・アヌヴァルタナー（ローカーヌヴァルタナー）」。

新たに「有色（うしき）（姿かたちがある）」という概念が追加された。これもアートマンの内包が仏教側のコンテクストを揺り動かし働きかけたものである。

「四法品第八」における最も重要な展開は、如来蔵・仏性思想を創始したことにある。『涅槃経』における如来蔵は個々人に内化された仏塔（ストゥーパ）であり、『涅槃経』第一類において隔絶していた如来と衆生の距離を埋めていくものである。同時に、アートマンの内包が、ここでは「内在性」として働きかけていたのである。

『大雲経』のトレーガーと『涅槃経』第二類のトレーガーとの決別・離反は、『涅槃経』が仏塔を内化することによって仏塔信仰を包摂・昇華した時点で決定的なものとなった。法身であるブッダの遺骨の存在を否定し、仏塔信仰からの完全な脱却を表明する『大雲経』にとって、仏塔を何らかのかたちで受容していく態度は認めがたかったのである。『涅槃経』「四法品第八」と「四依品第九」との間に、第一類、第二類に続く第三の階層が確認されることは、『大雲経』との完全な決別に起因するところが大きい。実際、続く「四依品第九」以降、如来蔵思想は『涅槃経』の中心思想として深められていき、そして最終的に『涅槃経』は、自らを「ひたすらに如来蔵を説く経典」と呼んで完結することになる。

> 大般涅槃経、一切の教説の精髄たる正法であり、究竟(くきょう)論のように〔極めて〕難解(なんげ)な法蔵であり、ただひたすらに如来蔵を説示する経典。[24]

【24】『涅槃経』(mDo, Tu 156b6–7)。

『大雲経』のトレーガーとの決別後、彼らは手元に残った『大雲経』を改変し、随所に「仏性」「三宝常住」を散りばめていった。『大雲経』の現存漢訳(曇無讖訳『大方等無想経』六巻)は、この系統の原典に基づくものと考えられる。

『涅槃経』の説く如来蔵・仏性は、衆生に内在する成仏の因であると同時に、ブッダの本質、さらには個々人に内化された仏塔・ブッダの遺骨(ブッダそのもの)であり、アートマン(常住・自在・実在・内在)とされる、完成態として極めて果的な側面が強い性格のものである。その結果、衆生と如来との隔絶は解消されることとなったが、完成されたブッダ・アートマンを有する衆生の価値が限りなく上昇したことによって、宗教的実践の契機を失いかねない状況（修行無用論に陥る危険。〈修道論的課題〉）を生みだしていく。そのために『涅槃経』は一闡提【25】という概念を、如来蔵・仏性とともに機能する双子の片割れとして強調せざるを得なくなったのである。

一切衆生には仏性があって（一切衆生悉有仏性）、その〈仏〉性は各自の身体に内在しており、諸々の衆生は数多の煩悩を滅ぼして後にブッダと成るのである。ただし一闡提はその限りではない【26】。

『如来蔵経【27】』

経のタイトルが表しているとおり、本経は如来蔵をテーマとする経典であり、『宝性論【28】』において「一切衆生は如来蔵である（如来を本性として宿している）」を説明する際に、第一の典拠として引用されている。

善男子よ、これが諸法についてのきまりごと（法性【29】）である。諸々の如

【25】原語は「イッチャンティカ」。「欲求する者」「主張する者」等が原義とされる。

【26】『涅槃経』（mDo. Tu 99a6-7）。

【27】本書序章注【2】参照。なお、本項は下田他［1997］を参照した。

【28】本書第四章参照。

【29】原語は「ダルマター」。諸法（ダルマ）を諸法たらしめるきまりごとのこと。

来が世に出現しても、出現しなくても[30]、常に、これら衆生たちは、内に〔完全な〕如来を宿すもの（如来蔵を有するもの）たちである[31]。

『如来蔵経』の舞台は、マガダ国[32]の首府である王舎城（おうしゃじょう）[33]にある霊鷲山（りょうじゅせん）[34]であり、大勢の会衆に囲まれた釈尊が、三昧に入って奇瑞を現し出すシーンから始まる。それは、空中に無数の蓮華が咲き、そのひとつひとつに如来が端坐しているという奇瑞であった。その後、蓮華はたちまちに萎み、悪臭を放つようになったにもかかわらず、無数の如来はますます輝きを増していく。このことを見たヴァジュラマティ（金剛慧）菩薩がその訳を釈尊に問い、それに対する回答が本経の内容を構成している。

本経は同類の九つの譬喩（ひゆ）[35]、すなわち、

Ⅰ　蓮華中の仏／蓮華の中の諸仏の喩え
Ⅱ　衆蜂と蜜／群蜂に囲まれた蜂蜜
Ⅲ　籾（もみ）の中の穀物／皮殻に覆われた穀物
Ⅳ　汚物中に落ちた金／不浄所に落ちた真金

【30】「諸々の如来が世に出現しても、出現しなくても」とは、元来「縁起の道理」を表現する際の定型句であった。

【31】『如来蔵経』（mDo, Zhu 263a1-2; *RGV* 73.11-12）、高崎［1989: 129］。

【32】釈尊在世時（紀元前五～四世紀頃）のインド四大大国（マガダ国、コーサラ国、ヴァツサ国、アヴァンティ国）のひとつ。

【33】原語は「ラージャ・グリハ」（王の家、舎）」。古代インドの都市は城壁に囲まれた「城郭都市」であったため、漢訳名では「城」が補われている。

【34】原語は「グリドラクータ・パルヴァタ」。「鷲の形をした峰を持つ山」の意。マガダ国において、釈尊が好んで説法を行った場所のひとつ。

【35】譬喩の名称は高崎［1989］と高崎［2004］に拠る。

Ⅴ　地中の宝蔵／貧家の地下にある宝蔵
Ⅵ　果実中の芽／樹木の種子
Ⅶ　弊衣（へいえ）中の仏像／ぼろきれにくるまれ、道に捨てられた仏像
Ⅷ　貧女胎中の王子／貧女が転輪王子を懐胎する譬喩
Ⅸ　泥模（でいも）中の金像／鋳型（いがた）の中の真金像

を説き、いずれの譬喩も、煩悩（一切衆生）のただ中に真実の如来（完全な如来）が存在していることを表現している。

しかしながら、これら九喩のうち、最も重要と目されてきたⅠは、後代の付加であることが確認されている[36]。また、従来はこの『如来蔵経』が如来蔵思想の創始者であると見なされてきたが、現在では『涅槃経』にその地位を譲っている[37]。

『不増不減経[38]』

漢訳にしてその長さわずか一巻という短い経典である一方で、『宝性論』から見るとき、本経は『宝性論』へと至る如来蔵思想形成史の上で、極めて重要

【36】ツィンマーマン［2002］。

【37】ラディッチ［2015］。

【38】『アヌーナトゥヴァ・アプールナトゥヴァ・ニルデーシャ（アヌーナトゥヴァープールナトゥヴァ・ニルデーシャ）』。「減りも増えもしない〔衆生界〕に関する説示」の意。遅くとも六世紀初頭までには成立。漢訳の北魏・菩提流支訳『不増不減経』一巻のみが伝わっている。なお、本項は下田他［1997］を参照した。

な役割を果たしている。『宝性論』においては、如来蔵と同義を担う「性（界。ダートゥ）」を説く経典として重視されており、本経の前では如来蔵・仏「性」思想の創始者である『涅槃経』の存在が霞んでしまうほどである。[39] ただし『涅槃経』と比較するとき、本経は明らかに抽象的で理論的な意味合いをより帯びた「性」の使い方をしている。本経の「性、界」の理解は、インド大乗仏教の諸経論に底流している「一界（エーカ・ダートゥ）」という思想を簡潔に表現したものである。

マガダ国の首府王舎城において、シャーリプトラ（舎利弗（しゃりほつ））[40]が、衆生界（サットヴァ・ダートゥ）には増減があるのかどうかを釈尊に尋ねるところから経説が始まる。釈尊は、衆生界には増減がないことを宣言し、勝義〔諦〕[41]（パラマールタ〔・サティヤ〕）は一〔法〕界（エーカ・ダートゥ）であり、それがそのまま衆生界であり、如来蔵（タターガタ・ガルバ）に他ならないと説示した。

> シャーリプトラよ、この〔勝〕義〔諦〕は如来の〔智の〕対象であり、如来の〔はたらく〕領域である。シャーリプトラよ、一切の声聞・独覚た

【39】実際、『宝性論』における『涅槃経』の引用や『涅槃経』への言及は、『不増不減経』に比べて明らかに少ない。

【40】釈尊十大弟子の一人で「智慧（ちえ）第一」とされる。

【41】最勝の意義（義理）としての真実の意。「第一義諦」「真諦」ともいう。

ちであっても、ともあれ、この〔勝〕義〔諦〕は自らの智慧をもって正しく知ることも〔できず〕、見ることも〔できず〕、観察することもできない。ましてや、愚かな凡夫にあってはいうまでもない。ただ、如来に対する信による通達を除いては。けだし、シャーリプトラよ、勝義〔諦〕はただ信を通してのみ通達される。シャーリプトラよ、勝義〔諦〕というのは、これは衆生界の別名である。シャーリプトラよ、衆生界というのは、これは如来蔵の別名である。シャーリプトラよ、如来蔵というのは、これは〔如来〕法身の別名である。【42】

【42】 RGV 2.8-13、高崎[1989: 5]。

たしかに、煩悩との関係という側面から見れば、衆生は、

①無始以来の煩悩に覆われた迷える衆生（凡夫）
②波羅蜜【43】などを行ずる菩薩
③一切の煩悩を断じた如来

に三分類される。しかし実際には、迷える衆生と如来法身とは、如来蔵を本質とすることで同一とされる。法身が衆生界に存在するときに如来蔵と呼ばれ

【43】 原語は「パーラミター」。「完成」と「到彼岸」の両義を担っている。大乗仏教における菩薩の代表的な修行徳目。「六波羅蜜」の場合、布施（ダーナ）・持戒（シーラ）・忍辱（クシャーンティ）・精進（ヴィーリヤ）・禅定（ディヤーナ）・智慧（プラジュニャー）よりなる。

る。一方、法身が衆生界を離れた（覚りを得た）ときには、純然たる法身となる。したがって、衆生と法身と如来蔵の三者は、一界のそれぞれの位相の相違に過ぎず、決して本質を異にした存在ではないのである。

シャーリプトラよ、まさにこの〈法身〉が無量コーティ【44】の煩悩の覆いに纏われ、輪廻の流れに漂いつつ、無始の輪廻の道にあって、生死（しょうじ）の間をさまよっているときには、〈衆生界〉と呼ばれる。

シャーリプトラよ、その同じ〈法身〉が、輪廻の流れの苦を厭い、全ての欲望の領域から貪りをなくし、十波羅蜜【45】にまとめられる八万四千の法蘊（うん）【46】によって、菩提に向けて修行しつつあるときには、〈菩薩〉と呼ばれる。

シャーリプトラよ、さらにまたその同じ〈法身〉が、一切の煩悩の覆いを離れ、一切の苦を乗り越え、全ての些細な煩悩や垢を離れ、浄く清浄にして、最高の清浄な法性に住し、一切衆生が仰ぎ見るべき地（じ）に上り、全ての知られるべき（所知の）領域において、第二となるもののない威丈夫の力を獲得し、無覆なる〔所証の〕法と、無礙なる一切の〔所説の〕法に対

【44】「コーティー」ともいう。数の単位で一千万を表す。漢訳語には「億」も存在する。

【45】布施・持戒・忍辱・精進・禅定・智慧の六波羅蜜に、方便（ウパーヤ）・願（プラニダーナ）・力（バラ）・智（ジュニャーナ）を加えたもの。

【46】「蘊」の原語は「スカンダ」。「集まり」「集積」「全体を構成する部分」の意。

する自在力を体得したときには、〈如来・応供【47】・正遍知【48】〉と呼ばれる【49】。

また、『如来蔵経』では衆生に対する形容句として機能していた術語「如来蔵（タターガタ・ガルバ）」の語が、この『不増不減経』では独立した術語として用いられていることも知られる。この用法はその後、『勝鬘経』や『宝性論』にも継承されていくことになる。

『勝鬘経』【50】

如来蔵思想を説く代表的大乗経典のひとつである。『宝性論』においても思想の中心をなす部分で引用されており、その重要性が窺える。そのため、如来蔵思想を学ぼうとする場合、『宝性論』と並んで本経に対する理解が不可欠である。

コーサラ国【51】のプラセーナジット（波斯匿）王とマッリカー（末利）夫人との間に生まれたシュリーマーラー（勝鬘）夫人という在家の女性を主人公とし、夫人が説く教説に対して釈尊が一々承認していくという戯曲的構成を有してい

【47】原語は「アルハット」。如来の十号（如来・応供・正遍知・明行足・善逝・世間解・無上士・調御丈夫・天人師・仏・世尊）のひとつ。「供養や尊敬（そんぎょう）に応ずることのできる（値する）聖者」の意。小乗仏教（成仏を目指さない仏教。本書第二章第二節参照）における聖者の最高位である「阿羅漢」とは、原語を同じくする。

【48】原語は「サムヤク・サンブッダ」。如来の十号のひとつ。「正しく完全に覚った者」の意。

【49】*RGV* 40.16-41.5、高崎 [1989: 71]。

【50】『シュリーマーラー・デーヴィー・シンハナーダ・スートラ』。「シュリーマーラー夫人による獅子吼に関する経典」の意。五世紀前半までには成立。漢訳には、劉宋・求那跋陀羅訳『勝鬘師子吼一乗大方便方広経』一巻、北魏・菩提流支訳『宝積経』「勝鬘夫人会」がある。

【51】釈尊在世時（紀元前五～四世紀頃）のインド四大大国の

ひとつ。本章注【32】参照。

る。経典といえば、ブッダ如来が説くスタイルが一般的であるが、中にはブッダ以外の者が説き、それを後からブッダが承認するというスタイルも伝統的に存在しており、本経はその伝統に則っていることが知られる。

在家者を主人公としているため、ヴィマラキールティ（維摩）居士を主人公とする『維摩経』【52】と並び称されることもある。【53】主人公が女性であることもあって、古来親しみやすさを感じさせてきた一方で、説かれる教理は思いの外難解であり、容易には理解しがたい面がある。

経典に見られがちな、体裁や内容の不統一や主題の混乱などは本経には無縁であり、大乗仏教の諸思想を、「如来法身」と「如来蔵」を中心に整然と纏めている。

経典の冒頭において、全体の主題がシュリーマーラー夫人の願いというかたちで提示される。その願いは、身体・生命・財産を擲つ覚悟をもっての正法護持に集約される。ここでいう正法とは「如来の教えとしての大乗」であり、法身・涅槃・菩提と同義とされる。その如来法身（タターガタ・ダルマ・カーヤ）は、常・楽・我（アートマン）・浄というあらゆる善徳（四徳波羅蜜）を有して

【52】原題は『ヴィマラキールティ・ニルデーシャ』。紀元一ないし二世紀に成立。経題は「ヴィマラキールティ（維摩）による説示」の意。漢訳には、呉・支謙訳『仏説維摩詰経』二巻、後秦・鳩摩羅什訳『維摩詰所説経』三巻、唐・玄奘訳『説無垢称経』六巻がある。

【53】聖徳太子に帰せられる「三経義疏」は、『法華義疏』四巻、『勝鬘経義疏』一巻、『維摩経義疏』三巻である。

おり、三宝の中でも法（ダルマ）・僧（サンガ）に先立つ唯一の帰依処とされる。

世尊【54】よ、衆生は〔アートマン（我）の観念の素材として〕執著された五取蘊【55】に対して顛倒【56】しています。彼らは無常なるもの（五取蘊。以下同様）に対して常であると想い、苦なるものに対して楽であると想い、アートマンでないものに対してアートマンであると想い、不浄なものに対して浄であると想っています。〔一方、〕世尊よ、一切の声聞【57】や独覚【58】たちもまた、〔彼らの〕空性の智によっていまだかつて見られたことのない、一切智【59】の智の対象である如来法身に対して顛倒しています。

世尊よ、衆生たちがあったとして、彼らが世尊の息子たち、嫡子たちであれば、〔如来法身に対して、正しく〕常と想い、楽と想い、アートマンと想い、浄と想うでありましょう。世尊よ、そして、そのような衆生たちは、顛倒していない〔と言われるべき〕でありましょうし、彼らは正しく観る者たちである〔と言われるべき〕でありましょう。それはなぜかと申しますと、世尊よ、如来法身こそが究極の常住（常波羅蜜）、究極の安楽

【54】原語は「バガヴァット」。如来の十号のひとつ。原義は「福徳ある者」であるが、「輪廻を超越した絶対者」の意で用いられる。

【55】五取蘊の原語は「パンチャ・ウパーダーナ・スカンダ」。五蘊（パンチャ・スカンダ）はわれわれを構成する五つの要素のこと。色（ルーパ。身体）・受（ヴェーダナー。感受作用）・想（サンジュニャー。表象作用）・行（サンスカーラ。形成作用）・識（ヴィジュニャーナ。認識作用）を五蘊といい、これらが煩悩に覆われた状態にあるとき、特に五取蘊という。

【56】原語は「ヴィパリヤーサ」。真実にもとる見方やありかたのこと。

【57】原語は「シュラーヴァカ」。「〔釈尊の肉声を〕聞いた者」の意。釈尊の直弟子を指す。

【58】原語は「プラティエーカ・ブッダ」。「師なくして独りで覚りを得た者」の意と理解されてきたが、詳細はいまだに不

（楽波羅蜜）、究極のアートマン（我波羅蜜）、究極の清浄（浄波羅蜜）だからです。如来法身をこのように観る衆生は、正しく観る者たちです。正しく観る者たち、彼らこそ、世尊の息子たちであり、嫡子たちなのです[60]。

声聞と独覚の覚りには潜在的無明が必ず付随しており、ブッダ如来を除き、完全な涅槃に至っているものはいない。教説の目標はこの如来法身の体得であり、四聖諦[61]（苦諦・集諦・滅諦・道諦）のうちでも、法身に対応するとされる滅諦のみを諦（真実）であると宣言する。この理想の姿である法身が、迷いの現実世界にある姿を如来蔵と呼んでいる。本経に説かれる如来蔵は、『如来蔵経』などに説かれるものとは異なり、生死（有為法）と涅槃（無為法）双方の拠りどころであり、その点で唯識思想[62]にいうアーラヤ（阿頼耶）識[63]と共通の性格を有している。

> 世尊よ、そうでありますから、如来蔵は〔それと本質的に〕結合し、不可分であり、智と離反しない無為の諸法にとっても、所依、支え、基盤た

明。声聞と並んで「小乗の徒」とされる。本書第二章第二節参照。

【59】原語は「サルヴァ・ジュニャ」。「一切を智（し）る者」の意。ブッダの異称のひとつ。

【60】*RGV* 30.19–31.6、高崎[1989: 54-55]。

【61】原語は「チャトゥル・アーリヤ・サティヤ」。「高貴な者（聖人）たちにとっての四つの真実」の意。

【62】あらゆる存在はただ識に過ぎないとする思想。

【63】原語は「アーラヤ・ヴィジュニャーナ」。個人存在の根底にある識で、過去の行為（業）の潜在的余力（習気。ヴァーサナー）を貯える、貯蔵庫としての識。

るものであります。〔如来蔵と本質的に〕結合せず、分離性の、智と離反した有為の諸法にとっても、所依、支え、基盤たるものは、如来蔵であります[64]。

世尊よ、如来蔵があるとき輪廻もあるというのは、この語にとって妥当であります[65]。

『楞伽経(りょうがきょう)』[66]

如来蔵・唯識思想を説く大乗経典のひとつである。しかし、その教理は空・仏身・涅槃・過去仏、さらには仏教以外の外教(げきょう)にまで及び、一種の大乗仏教思想総覧という性格もあわせ持っている。そのため他の経典と比べるとき、教理や構成が統一されておらず、雑然としているという印象を受ける。

現行梵本は、

Ⅰ　ラーヴァナ王の勧請(かんじょう)

Ⅱ　三万六千の一切法の集成

【64】*RGV* 73.2–5、高崎 [1989: 128]。

【65】*RGV* 73.6、高崎 [1989: 128]。

【66】『ランカー・アヴァターラ・スートラ（ランカーヴァターラ・スートラ）』。「ランカー島への降下（の状況で説かれた）経」の意。五世紀前半までには成立。漢訳には、劉宋・求那跋陀羅訳『楞伽阿跋多羅宝経』四巻、北魏・菩提流支訳『入楞伽経』十巻、唐・実叉難陀訳『大乗入楞伽経』七巻がある。

Ⅲ　無常

Ⅳ　現観

Ⅴ　如来の常・無常についての過失

Ⅵ　刹那

Ⅶ　変化

Ⅷ　食肉

Ⅸ　陀羅尼

Ⅹ　偈頌

の十章より構成されている。これらのうち、Ⅸ、Ⅹは現存最古の漢訳（求那跋陀羅訳『楞伽阿跋多羅宝経』四巻）に全く欠けている。

『楞伽経』は、瑜伽行派[67]の唯識説に由来する「五法（名・相・分別・正智・真如）、三性（遍計所執性・依他起性・円成実性）、八識（眼識・耳識・鼻識・舌識・身識・意識・マナ識・アーラヤ識）、二無我（人無我・法無我）」を説く。なかでも注目すべき教理は、自性清浄のアーラヤ識を説き、さらにそれを如来蔵と同一視していることである。

【67】原語は「ヨーガーチャーラ」。中観派（本章注【133】参照）と並び、インド大乗仏教二大学派のひとつ。瑜伽（ヨーガ）の行法に基づき、唯識説（本章注【62】参照）を唱えた。

如来蔵は無始以来、種々の戯論【68】の習気【69】に薫習されているので、アーラヤ識と名づけられる【70】。

水銀が塵垢に汚されずに清浄であるように、一切衆生の拠りどころであるアーラヤ識も清浄である【71】。

この思想は後に、中国撰述の可能性が高いとされる『大乗起信論【72】』を生み出し、中国・日本仏教に多大な影響を及ぼした。

しかし、これら多様な教理も、無分別の境界に至るための手段に過ぎず、教説によらず実践（ヨーガ）を通じて、自ら真理を体得することの重要性が強調されている。

それゆえ、マハーマティ（大慧菩薩）よ、如来蔵であるアーラヤ識を完全に知るという、一切如来のこの境界に対して、そなたと他の菩薩大士た

【68】対象を分化し分別（ふんべつ）する心作用のこと。原語は「プラパンチャ」。

【69】行為（業）の潜在的余力。原語は「ヴァーサナー」。

【70】*LAS* 220.13–14.

【71】*LAS* 369.4–5.

【72】本書序章注【8】参照。

ちは努め励むべきである。ただ聞いただけで満足してはならない[73]。

この点に関して『楞伽経』の主張は一貫している。そのため、最終的には『楞伽経』自身すら捨て去られることになる。このような観点からすれば、教理や構成の不統一、雑然さも欠点ではなく、逆に『楞伽経』の主旨をよく反映しているものと考えられる。

如来が覚りを得た夜から入滅する夜に至るまでの間、如来はただの一字も説かなかったし、また、説くことはないであろう[74]。

真実は文字を離れているのであるから、善男子・善女人はことばのままの意味に執着することに慣れてはならない。指を見てはならない。たとえば、指で誰かにあるものを教えようとすれば、その者は指先だけを見るにとどまるであろう[75]。

【73】 *LAS* 223.10–13.

【74】 *LAS* 144.6–8.

【75】 *LAS* 196.4–8.

一切の経典の教説は、凡夫たちの自らの妄分別を満足させるものであって、真の聖智を建立(こんりゅう)するものではない。それゆえ、意味に従うべきであって、教説の文言にとらわれてはならない[76]。

『楞伽経』は実践（ヨーガ）のための経典であり、修行者・実践者（ヨーギン）たることを教える経典であるということができるであろう。

『大雲経[77]』

『大雲経』は三昧、特に甚深大海水潮(じんじんだいかいすいちょう)三昧という如来の常住性を観ずる三昧を中心に据えた経典であり、その経説のほとんど全てを如来常住と三昧、そしてそこから導かれる世間随順業に関係する記述に充てている。

法よりなる身体を持つ（法身）如来の常住を説き、その常住性・自在性をアートマンと表現している点で、明らかに『涅槃経』第一類を継承している。

秘密の源であり、禅定を寂静な四肢とし、冠は解脱水であり、念は清(しょう)

【76】 LAS 77.9-12.

【77】『マハーメーガ・スートラ』。「大雲（に比せられる常住如来）に関する経典」の意。遅くとも五世紀前半までには成立。『涅槃経』の成立時期を勘案すると、二世紀中葉まで遡れる可能性もある。漢訳には、北涼・曇無讖訳『大方等無想経』六巻がある。

涼な波です。常住・甚深・寂静という偉大さをそなえたアートマンであり、大海のあり方にも似たあなたさま（釈尊）に敬礼いたします[78]。

マハーメーガガルバ（大雲密蔵菩薩）よ、わたしは〔かつて〕声聞乗において、〝比丘たちよ、把握すべきことを把握せよ。把握すべき、受け入れるべき常住・恒常・堅固・アートマンを受け入れよ。〔正〕見の縁となる常住・恒常・堅固に依りなさい〟と説いた際に、明らかな意味を理解できずに、明確にわたしが説いたにもかかわらず、世間の者たちはそれを証得しなかった。そして福徳の少ない衆生たちは解脱を滅尽であると思い、如来が〔ここに〕在り続けていながら（常住でありながら）〝入滅されてしまった〟と入滅の想に入る。〔それはあたかも〕蛾が燈明の中に落ち込むのと同じである[79]。

他にも、譬喩をふくめた教説の共通性から、『涅槃経』第一類の影響が随所に看取できる。一方、『大雲経』のトレーガーは自らを菩薩と称し、不可思議

【78】『大雲経』（mDo, Dzu 185b7–8）。

【79】『大雲経』（mDo, Dzu 223a7–b2）。

解脱[80]の境地とされる三昧に住しながら世間に随順して様々に衆生に利益をなすとしている点で、『維摩経』からの影響も顕著である。さらに、仏塔供養の功徳を否定し、仏塔信仰からの脱却表明を完全なかたちで行っている点で、仏塔信仰からの脱却を目指しながらもパイオニアであるがゆえに果たせなかった、諸々の初期大乗経典を土台としている[81]。

中心思想は如来常住思想であり、如来蔵・仏性思想には言及しない。現存の漢訳（曇無讖訳『大方等無想経』六巻）には「仏性」「三宝常住」の観念が見られるものの、これは現存漢訳が、『涅槃経』第二類のトレーガーによって改変された梵文テクストに基づくためと考えられる。

如来常住を観ずる甚深大海水潮三昧に住する菩薩は不可思議解脱の境地にあるとされ、百八十七の徳目を成就する。『大雲経』の菩薩は三昧の修習（しゅじゅう）を通して如来と自分を重ね合わせて（同一視して）おり、その点で、如来と衆生の隔絶を説く『涅槃経』第一類とは方向性を異にする。ただし、如来と菩薩の重ね合わせは、三昧に住する菩薩の世間随順業を通じての衆生利益という一点においてのみ成立し、修行無用論に陥る危険性は未然に回避されている。

【80】原語は「アチンティヤ・ヴィモークシャ」。『維摩経』の別名が『不可思議解脱経』である。

【81】『小品系般若経』や『法華経』などの初期大乗経典には、「仏塔信仰から法（経典）崇拝へ」という方向性が明確に確認されるが、仏塔信仰からの完全な脱却には至っていない。

> 〔甚深大海水潮三昧を体得した菩薩は〕ブッダの荘厳一切を示現しても、完全な寂滅をもって般涅槃することはない。一切の色像を示現しても、色像によって如来に関するきまりごとを汚すことはない。一切の仏国土に赴いても、国土の差別（しゃべつ）をしない。（中略）世間・出世間の所作一切を示現しても、常に法悦をもって歓喜して、蓮華のように不染著である。マハーメーガガルバ（大雲密蔵菩薩）よ、甚深大海水潮三昧の境界を観ぜよ。[82]

【82】『大雲経』（mDo, Dzu 190b6–191a3）。

また、『涅槃経』第一類と同様にアートマンの観念を援用しながら、さらに発展させて如来・解脱の常住性、自在性、そして三昧を通した実在性を主張する。その際、出世間の如来・解脱の実在性を認めたことで空性説と齟齬を来すようになり、空の法も不空の法もあると述べ、「如来・解脱の実在（不空）と煩悩の空」という、空性説の再定義を行っている。

トレーガーの呼称は一貫して菩薩である。彼らは三昧を修習する菩薩の肉食（にくじき）を禁じてはいるが、ヒンドゥー社会のタブーに対して関心や配慮を払っていない。このことから、彼らはいまだ組織的にグループ化されてはおらず、三昧を修習する菩薩たちの個人的紐帯の元にあったものと推定される。

『大雲経』の仏教思想史上に有する第一の意義としては、『涅槃経』第一類を発展させ、『涅槃経』が第二類へと向かう方向性の先鞭をつけたことが挙げられる。もちろん、『涅槃経』が第一類から第二類へと発展した理由の全てを『大雲経』に求めるものではない。しかし、『涅槃経』第一類と第二類の中間に『大雲経』を介在させ、そこからの影響をも考慮することによって、『涅槃経』第一類から第二類への移行はいっそう明確に記述されることになる。『涅槃経』にとって『大雲経』は、いったん終了した編纂作業を再開させるための重要なファクターのひとつだったのである。さらに、『大雲経』がひたすらに如来常住を説き続けたことによって、『大法鼓経（だいほっくきょう）』の編纂へと繋がっていったことも第一の意義に劣らないものである。

以上の二点の意義は、『大雲経』が他に与えた影響を中心としたものである。『大雲経』自身の有する仏教思想史上における意義は、「如来常住」を仏教思想のひとつとして宣言したことと、初期大乗経典が目的のひとつとしながら、

『大雲経』に至るまで果たされていなかった仏塔信仰からの完全な脱却を表明したことに求められるであろう。

ガンジスの流れの中に白睡蓮が生じ、〔黄色い〕カッコーが法螺貝の色〔白色〕になり、ジャンブ樹（閻浮、蒲桃）がターラ樹（椰子）の実を結ぶようなことがあれば、そのようなときには〔如来の〕遺骨もありうるであろう。

亀毛で衣が見事に織られ、冬の外套になるようなことがあれば、そのようなときには遺骨もありうるであろう。[83]

〔如来は〕金剛のように堅固な身体を有しており、化作した身体を示現するのであって、芥子粒ほどの遺骨もありはしないのである。

〔法身である如来には〕血・骨・肉がないのであるから、どうして遺骨があることがあろうか。〔ただ〕衆生たちを利益するための手段として遺骨を留めおかれるのである。

【83】『大雲経』（mDo, Dzu 195b1–2）。

ブッダ世尊は法よりなる身体を有しており（法身）、如来の遺骨は法（教え）なのである（ダルマ・ダートゥ）。世尊の身体とはそのようであり、〔仏教における〕教説とはそのようなものなのである。【84】

『央掘魔羅経（おうくつまらきょう）』【85】

本経は同名の初期経典や伝承を素材として、「如来常住」「如来蔵・仏性」を説く大乗経典であり、手法、内容ともに『涅槃経』の影響を強く受けている。

舞台はコーサラ国の首府である舎衛城【86】である。人を殺めては指を切り落とす、無差別連続殺人鬼アングリマーラ（央掘魔羅。指で作った首飾りを掛けている者の意）の出没に、人々は恐怖する。彼は師匠の妻の讒言（ざんげん）のため、千人を殺害し、指を切り落とし首飾りにすることを師匠に命ぜられていた。自分の母を千人目の犠牲者にしようとしたところに釈尊が登場し、彼を教化（きょうけ）する。以上、ここまでは脚色その他出入りはあるものの、大筋伝承どおりである。本経の大乗的展開、すなわち主要部分はアングリマーラが帰仏【87】して後、諸天・仏弟子が讃歎に現われるところより始まる。

【84】『大雲経』(mDo. Dzu 196a4–6)。

【85】『アングリマーリーヤ・スートラ』。「アングリマーラにとって有益なことに関する経典」の意。五世紀前半までには成立。漢訳には、劉宋・求那跋陀羅訳『央掘魔羅経』四巻がある。

【86】原語は「シュラーヴァスティー」。本章注【33】参照。

【87】ブッダに帰依すること。

釈尊の直弟子（声聞）やマンジュシュリー（文殊師利）[88]菩薩などが、釈尊およびアングリマーラを讃歎しつつ、自説を披露する。しかし「如来常住」「如来蔵・仏性」を説くアングリマーラは、彼らを次々と論破していく。その皮肉に満ちたパラドキシカルな説相には、かの『維摩経』を髣髴とさせるものがある。メインテーマは如来法身および如来蔵・仏性の「不空」であり、最も多くの分量が割かれている。

次に、アングリマーラとマンジュシュリーは諸仏国土を訪問し、如来の仏身が無量であることが述べられる。

経はその後、如来蔵・仏性と成仏との関係、断肉、および誹謗（ひほう）者や護経などについて述べ、最後に伝承通りにコーサラ国王プラセーナジット（波斯匿（はしのく））を登場させる。王は軍勢を率いて、殺人鬼アングリマーラを捕らえに来たのであるが、アングリマーラが実は南方世界の如来であり、彼の犯した殺人など一切は、衆生を教化するための幻であったことを告げられる。一同納得し、讃歎、歓喜する。以上が本経の大まかな構成である。

本経全体を貫くパラドキシカルな性格は、無我説を排して如来蔵・仏性を説

【88】大乗仏教に特有の菩薩の一人。空に立脚する智慧を特性とする。

こうとする意図に由来する。中期大乗経典にしばしば見受けられる論書的冷たさにも無縁で、『涅槃経』の後裔としての位置を保持している。また「一切の諸仏は釈尊である」と宣言し、諸仏を釈尊に統一しようとするなどの独自の説も見逃せない[89]。

『央掘魔羅経』は、『涅槃経』の辿った如来常住（第一類）から如来蔵・仏性（第二類）への転換、移行の直線的延長上に位置し、経典全編にわたって如来蔵・仏性を鍵に爾前の様々な教説の密意を解くこと（解深密(げじんみつ)）[90]を主眼としている。釈尊十大弟子の一人で、天眼(てんげん)第一とされるアニルッダ（阿那律(あなりつ)）をアングリマーラがやり込めるシーンを紹介する。

〔アニルッダ〕「すばらしいぞ、すばらしいぞ、アングリマーラよ。汝は法に適(かな)い随順する福徳をなした。私は嬉しいぞ。アングリマーラよ、〔汝は〕久しからずして天眼を得るであろう。」

〔アングリマーラ〕「大徳アニルッダよ、お前は天眼第一であると如来が仰っているのだから、世間において天眼持つ者とは何か、どのようにした

【89】現在十方仏を含めた諸仏の統一の試みは、すでに『法華経』の第十一章「見宝塔品」にも見られる。

【90】それ以前の教説に密めかれていた釈尊の真意（密意。サンディ）を解き明かすこと。

ら天眼が生ずるのかをすぐに答えて、私の疑問を断ち切ってほしい。」
〔アニルッダ〕「燈明〔の布施〕によって常に〔天〕眼を得るであろう。また、他人に熱心に法（教え）を教示することによっても〔得られる〕と知りなさい。姿かたち持つ者の中で最高の姿かたちを持つであろう。アングリマーラよ、そのようであると知りなさい。」
〔アングリマーラ〕「一切衆生の利益となる教説である如来蔵を、隠すことなく明らかに熱心に説示するならば、その説示者こそ天眼を得るであろう。その者が世間において天眼持つ者なのである。ああ、大徳アニルッダよ、お前は蚊のような行を行じていて、天眼の生まれるわけを知らないのだ。蚊であっても自分の周りくらいは見ることができるのだから、蚊のようなお前は何も語るな。[91]」

果的側面の強い如来蔵・仏性を説き、それをアートマンと等置している点で、『涅槃経』（特に第二類）を継承するコンテクスト上にある。同名の初期経典を題材とし、さらには『法句経（ダンマパダ）』等の初期仏典の教説を引用して

【91】『央掘魔羅経』(mDo. Tsu 156b7–157a6)。

解深密を行っていることも『涅槃経』と共通している。一方、解深密の作業を行っていく教説構造や逆説的な表現を多用していることに関しては、空性を鍵に爾前の教説の密意を解いていた『維摩経』から多くを学んでいる。

如来常住思想と如来蔵・仏性思想の双方を説くが、後者に非常に大きな力点を置いている点でも『涅槃経』第二類と共通している。如来常住思想と如来蔵・仏性思想の内容に関していえば、ある程度の展開や深化は見られるものの、『涅槃経』のそれと大差がないといっても過言ではない。その意味では、『央掘魔羅経』には自らの土台となっている『涅槃経』を超えて、思想をさらに発展させていこうという意識が比較的低い。そのかわりに、『央掘魔羅経』には『涅槃経』からの流れをいったん受け止めて、如来蔵・仏性を仏教思想のひとつとして確かに根づかせようとする意識は極めて強い。如来蔵・仏性が爾前の教説の密意を解く鍵となっていることは、その意識の表れである。

トレーガーの呼称は『涅槃経』第二類と同様に菩薩であり、並行して「如来蔵という有益な教えを説く者」を意味する「安慰説者（あんにせっしゃ）」[92]という別称を、仏典中では最初にトレーガーの呼称として用いている。この「安慰説者」は、後に

【92】原語は「ヒタ・ウパデーシュトリ（ヒトーパデーシュトリ）」と想定される。チベット訳語は「phan par ston pa」。

『大法鼓経』に引き継がれていくこととなる。

世間において如来蔵を説示する者に対して、邪見を持つ愚者たちが怒って、〝仏教にアートマンはない〟と言ってアートマンをそのように捨ててしまったとしよう。〔しかし〕彼ら（愚者）のことばには親近せず、〝〔彼らとは行動を〕共にはしまい〟と考え、自らの命すら捨てて如来蔵を説示する者こそが忍辱第一であって、世間における安慰説者なのだ。〔それが〕世間において制御されており寂静にして不滅の忍辱なのである。[93]

経典全体にわたって解深密を行うという性格上、その社会背景的状況を窺わせる材料には乏しい。『央掘魔羅経』は思想展開上、『涅槃経』第二類のコンテクストの直線的延長上に位置しているため、そのトレーガーも『涅槃経』第二類と大きく異なるものではないと推察される程度である。

思想を発展させるという意味においては、『央掘魔羅経』が仏教思想史上に有する意義は、決して大きいものではない。『央掘魔羅経』の意義は、むしろ

【93】『央掘魔羅経』（mDo. Tsu 157b2-4）。

別のところに求められるべきである。まずひとつには、『央掘魔羅経』は、仏教思想の発展には、話者であるブッダの意図性に着目し、その表面に出てきていない意図（密意）を解き明かす（解深密する）過程を通してなされるという側面があることを再確認させてくれる。またひとつには、『涅槃経』第二類が提唱した如来蔵・仏性思想をいったん受け止めて、それが空性説に代わるものとして機能できることを表明したことも大きな意義といえる。

　初期大乗仏教は仏教の真理観である縁起を空性と解釈し、『維摩経』はその空性を鍵に様々な教説の密意を説いていた。いわば『央掘魔羅経』は、中期大乗仏教における『維摩経』に他ならない。『央掘魔羅経』は、『涅槃経』第二類がなした如来蔵思想の創始に始まる思想の流れを受けて、如来蔵・仏性説が空性説に代わりうるものであることを身をもって体現した経典であるということができるであろう。

『大法鼓経（だいほっくきょう）』【94】

　本経は、『法華経（ほけきょう）』【95】の一乗思想、『大雲経』の如来常住思想、『涅槃経』第二

【94】『マハー・ベーリー・スートラ』。「偉大な太鼓（に比せられる教説）に関する経典」の意。五世紀前半までには成立。漢訳には、劉宋・求那跋陀羅訳『大法鼓経』二巻がある。

【95】本書第二章第二節参照。

類の如来蔵・仏性思想の強い影響下に成立したと考えられる中期大乗経典である。また『不増不減経』『央掘魔羅経』との親近性（しんごん）を示し、『大集経（だいじっきょう）』[96]諸品とも関係している。

経の冒頭に「涅槃の楽」を説く偈が示され、その意義を解明しつつ、流れるように教説が展開していく。経は大きく三章に分かれ、第一章は主題の提示と本経の特徴、第二章は「涅槃の楽」の解明の主要部、第三章は如来滅後の護法をそれぞれのテーマとしている。第二章に経典全体の六割弱の分量が割り当てられており、本経の中心をなしていることが明白である。ただし第三章の割り当ても二割五分にのぼり、経全体の思想を理解しようとする場合、決して看過できない分量となっている。

経の中心思想「涅槃の楽」とは、「解脱を得た如来が常住・安楽・有色（姿かたちをそなえている）」ということである。如来蔵・仏性思想もこの如来常住思想の下に統一的に理解されており、右記の諸経をよく咀嚼したうえで、独自の論理を展開している。

漢訳経題中の「法鼓（ほっく）」は初期仏教以来、ブッダ如来の説法の意味で用いられ

【96】原題は『マハー・サンニパータ・スートラ』と推定されている。「大いなる集成の経典」の意。大乗仏典において、『華厳経』『宝積経』と並ぶ三大叢書のひとつ。ただし、『大集経』が叢書になっているのは漢訳においてのみであり、インドにおいて叢書であった痕跡は見いだされていない。

ている。これは衆生の煩悩や外教徒の説を打ち破るブッダの説法を、戦いの際に鳴り響き、敵を打ち破る軍隊の太鼓（戦鼓）に擬えたものである。本経においても「法鼓」はブッダの説法を表わしているが、打ち破られるものが「空性説」であるところに独自の思想がある。すなわち『大法鼓経』という経題は、「如来常住説（及び如来蔵・仏性説）をもって、空性説を打ち破る経」ということを含意しているのである。このように本経は空性説に対する対決姿勢が際立っており、如来蔵系諸経論の中でも特異な位置を占めている。また、『法華経』に由来する「五千起去」「父少子老」「化城宝処喩」「高原穿鑿喩」「長者窮子喩」を用いつつ、全体にわたって一乗、如来常住を主張している。そのためインド撰述の確証のある、数少ない『法華経』の注釈書としての性格も併せ持っており、資料的価値が高い。そのうち、本経の「長者窮子喩」を紹介する。

〔カーシャパは〕[97]尋ねた。「世尊よ、〔一切衆生に如来蔵・仏性があるのであれば〕如来はなぜ三乗を説かれたのですか。」

〔世尊は〕告げた。「カーシャパよ、汝に譬喩を示してあげよう。たとえ

【97】漢訳語は「（摩訶）迦葉」。釈尊十大弟子の一人で「頭陀（清浄な仏道修行）第一」とされる。

ば、幾コーティもの財宝を持つ長者があって、彼には一人息子があったが、群衆の中で乳母の手からいなくなってしまっていたとしよう。さて、長者に死期が近づき、〝私の息子はいなくなり、私には他の息子も、父も、母も、同じ血を引く兄弟も、親族もいないので、私の宝蔵〔財産〕は王に没収されてしまうだろう〟と考えた。そして彼がそのように何度も何度も思っているうちに、長い歳月が流れた。

するとある時、いなくなっていた息子がまさにその都城にやって来て、食べ物を得ようと自分の家に入っていったが、その家が自分の父の家だとは知らなかった。一方、彼の父は一目見ただけですぐさま〝この者は待ち望んでいた私の息子であるが、この者に《お前は私の息子なのだ》とは決して言うまい。それはなぜかといえば、〔息子が怖がって〕再び逃げ出すようなことがあってはならないからだ〟と〔思って、その代わりに〕彼は息子に多くの宝蔵を与えることにした。すると息子は父に〝私はあなたの家には住めません。それはなぜかといえば、私があなたの家に住むことは縄の繋縛で縛られるように苦であるからです〟と言った。そこで長者が

〝どうするつもりなのか〟と尋ねたところ、息子は〝私はあなたの牛を世話したり、牧草を刈ったり、汚物を取り除いたり、水田を耕したり〔するつもり〕です〟と答えた。長者は〝ああ、薄福（薄幸）の者よ。うぅむ、漸次に〔適当な〕時を知ること（時期を待つ）以外にない〟と思い、〝よろしい、では、まずは肥溜め掃除だけをしなさい〟と〔命じた〕。

その後、また別の時に、その男が肥溜めを掃除していると、長者が多くの欲を楽しみ喜び、楽の対象を享受するのを見た。そしてその男は〝ご主人さまが私に多くの宝蔵をくれたり、あるいはまた、私を息子にすることを望んでくれればいいのに〟と思い、肥溜めをあまり掃除しなくなった。

その時、彼の父は息子の仕事ぶりを見て〝私の息子は今が絶好の機会だ〟と思い、〝おい、お前、お前は今別のことを考えているのか。どうして仕事をきちんとしないのか〟と尋ねた。その男は〝その通りです。私は今まさにあなたの息子と認めてもらいたいのです。今や、私の心はそのように望むように〔高尚に〕なったのです〟と答えた。長者は〝よくぞ言った。私はお前の父であり、お前は私の息子であるというのに、お前は私がこのように好意を持ち、哀れんでいるのを知らなかったのだ〃と言って、父は息子に自分が所有する（自ら自由になる）多くの宝蔵の一切を与えた。そして大衆の中においてそれを明かして〃この者は私の唯一の息子なのです。長い間行方不明になっておりまして、再び戻って来て自分の家に入ってきました（足を踏み入れました）が、この者はここが自分の父の家だとは知らず、分からずに、その時点では《あなたが私の父、私が息子》という呼び名すら受け入れませんでした。しかし今やこの者は即座に《息子である》ということばを語ったのです〃と告げたのである。[98]」

『大法鼓経』は、『央掘魔羅経』以外にもうひとつ登場した、『涅槃経』を継承する経典である。時系列で見る場合、『大法鼓経』は『央掘魔羅経』の後に位置しており、親である『涅槃経』から見れば、両者はいわば姉妹の関係にある。ただし、姉である『央掘魔羅経』が親の辿った思想の変遷（運動）をいったん受け止めて、より確実なものにしていくという意識を持っていたのに対し、妹である『大法鼓経』は親である『涅槃経』（特に第二類）を批判的に超克す

【98】『大法鼓経』（mDo. Tshu 116a5–117a2）。

べき対象と捉えてその思想を継承したところに大きな相違がある。

『大法鼓経』の有する態度を簡潔に述べるならば、如来常住から如来蔵・仏性へと移行した思想を継承し、如来蔵・仏性思想を包摂した上で、もう一度主題を如来常住思想へと回帰させていることである。特に、一切衆生の成仏可能性という「衆生利益」の根拠を、〈如来出現（如来の成覚）〉に基づく如来の常住性に見出しているところが大きな特徴となっている。

如来常住を主題としている点で、『大法鼓経』は『大雲経』からも多くを吸収している。如来滅後の護法者として一切世間楽見（ぎょうけん）童子[99]を『大雲経』から導入していることは、童子の持っている「如来常住思想の宣布者」という性格が『大法鼓経』にとって必要不可欠であったことを意味する。そもそも、如来の常住性に基づいて一切衆生の成仏可能性を保証しようとする思想の萌芽は、すでに『大雲経』の段階で現れていたものであった。ただし『大雲経』は如来常住性と成仏可能性を、三昧に住する菩薩の世間随順を媒介に結びつけていたのに対し、『大法鼓経』は如来蔵・仏性を媒介に結びつけている。そこに、如来蔵・仏性思想を包摂した『大法鼓経』独自の展開を見ることができる。

【99】原語は「サルヴァ・ローカ・プリヤ・ダルシャナ」。「一切世間の者が見（まみ）えて喜ぶ者」の意。

今ひとつ、『大法鼓経』がその背景としている主要な経典は『法華経』である。『法華経』からは譬喩説を中心に一乗思想を取り入れているだけでなく、法師（ほっし）が教えをことばとして説くときに釈尊の現存が確認されるというブッダ観をも継承した。

如来の常住性に基づいて一切衆生の成仏可能性を保証しようと試みた『大法鼓経』は、『涅槃経』『央掘魔羅経』が有していた完全態としての側面が非常に強い如来蔵・仏性（アートマン）から自在性という属性をあえて取り除き、可能性・実在性・内在性という側面のみで如来蔵・仏性を理解している。果的側面の特に強い「仏性」という術語をほとんど使用していないのは、その意識の表れと考えられる。振り返れば、『涅槃経』第一類でアートマンの観念が肯定的に使用されて以来、アートマンの内包が次々と解放されることによって仏教側のコンテクストが揺さぶられ続けてきたという経緯があった。しかし、自在なアートマンとして果的な側面の強い如来蔵・仏性が『涅槃経』第二類によって生み出され、その結果、修行無用論に陥りかねない危険〈修道論的課題〉が生じてきたことで、今度は成仏を目指す仏教側のコンテクストの要請で、自発的にひとつの属性を取り除いたのである。それが、『涅槃経』第一類が最初にアートマンの属性として借用した自在性であったことは、アートマンの肯定的使用を巡る一連の流れの中において、歴史的転機となるできごとであった。

『大法鼓経』は、衆生の内なる如来蔵を如来法身とは見なさず、常住・堅固・寂静・恒常という形容句〈四句〉も冠さない。法身であり、常住・堅固・寂静・恒常であるものは、『大法鼓経』では解脱を得た如来のみなのである。如来は解脱を得た衆生であり、アートマン（常住性・自在性・実在性）を有し消え去ることはなく、大きな意味で衆生聚の一部を形成しているというかたちで、如来と衆生とは連続させられている。しかし、そこに「覚り・解脱」という契機があるかないかが、両者を明確に隔てる決定的指標にもなっている。このことにより『大法鼓経』では、一闡提という対概念を用いる必要がなくなったことになる。

如来は不増不減の衆生聚に属する衆生であるから、解脱を得た衆生である如来にアートマンがあるのであれば、無から有が生ずることはないため、まだ解脱を得ていない衆生にもアートマンがあることになる。しかし、衆生はまだ解脱を得ていないので、衆生のアートマンは自在性を持たない〈アートマンならざるアートマン〈実在性・可能性〉〉と呼ばれることになった。この〈アートマンならざるアートマン〉が『大法鼓経』における如来蔵であり、一切衆生にある成仏の因・可能性とされる。このように『大法鼓経』では、一切衆生に如来蔵という成仏の因・可能性があることは、如来の常住性から導かれているのである。

また、如来の常住性と衆生の成仏可能性を、アートマン〈実在性〉を基軸に結びつける『大法鼓経』にとって、解脱・如来を空と説くものはそれが何であれ、未了義、第二転法輪として超克されなくてはならなかった。数々の如来蔵系経論の中で『大法鼓経』の空性説に対する対決姿勢が際立っているのは、その主題と軌を一にするものなのである。

もっとも、空性説を再定義しようとする姿勢は『大雲経』以来一貫して見られたものである。しかし『大雲経』や『涅槃経』第二類は、空性を説く諸経典（『涅槃経』第一類も含まれる）を土台としながら如来・解脱の実在〈不空〉を主張するパイオニアであったため、土台そのものを完全に超克することはできなかった。空性説の完全な超克は、『大雲経』や『涅槃経』(第二類)を新たに土台とすることのできた『大法鼓経』を待って初めて実現可能だったのである。それはちょうど、初期大乗が仏塔信仰を土台にしていたためそこからの完全な脱却ができず、初期大乗経典を土台とした『大雲経』を待って、初めて仏塔信仰からの完全な脱却が表明できたことと同様の事象である。

『大法鼓経』のトレーガーの呼称は菩薩が中心であるが、比丘や法師も区別なく用いられる。さらに、『央掘魔羅経』から「安慰説者」という別称を導入している。ただし用法は『央掘魔羅経』とは異なり、「如来常住と如来蔵を説くこのような経典群を、相手の利益を慮って説示する者」を意味するのが主な用例である。「如来常住と如来蔵を説くこのような経典群」の存在を『大法鼓経』が認めていることは、理念的に想定された「涅槃経系経典群[100]」の存在が、テクストの上から確かめられたことを意味している。

たとえば、転輪聖王が赴くところにはどこにでも七宝が付き随うであろう。それと同様に、安慰説者が出現するところにはどこにでも、このよう

【100】『涅槃経』第一類、『大雲経』、『涅槃経』第二類、『央掘魔羅経』、『大法鼓経』よりなる、如来常住思想と如来蔵・仏性思想に関するコンテクストを共有し、相互に影響を与えあって成立したと見なされる、一連の経典群。

な経典群が出現するであろう【101】。

破戒者・誹謗者に対する布施を中心とした摂受（しょうじゅ）の強調、三昧を含めた瞑想に無関心、断肉を説かないなど、教説から判断する限り『大法鼓経』のトレーガーには在家的な性格を示すものが多く、その点で『涅槃経』第一類との共通性が高い。もちろん、現時点で、『大法鼓経』のトレーガーがそのまま『涅槃経』第一類のものに回帰したと結論することは難しい。しかし、少なくともその意識だけは『涅槃経』第一類の方向を向いていたと想定することは決して不可能ではない。

『大法鼓経』の仏教思想史上に有する意義のひとつは、インドにおける如来蔵・仏性思想の展開が、『宝性論』へ向かって理論化され「輪廻・涅槃を成立させる拠りどころ」となっていく流れと、『涅槃経』に見られる果的側面を強く出す流れの二つに止まるものではなく、『涅槃経』を継承しながら果的側面を取り除き、「如来蔵は如来蔵のままでは役に立たない（＝仏智は内在しているままでは役に立たない）」という『華厳経』「如来性起品」【102】と同様の理解に至る

【101】『大法鼓経』(mDo. Tshu 108a2–3)。

【102】本書第二章第三節「『華厳経』「如来性起品」——仏智の滲透」参照。

流れがあったことを示していることである。もっとも、『大法鼓経』の如来蔵は如来の常住性・実在性というアートマンによって裏付けされるものであるため、「如来性起品」の理解と全く同一ではない。『大法鼓経』は如来蔵思想を、その発展過程において様々に働きかけてきた多様な思想の流れとともに吸収、包摂した上で、出発点とされる『涅槃経』を批判的に超克し、原点のひとつと目される「如来性起品」と同様の理解に立とうとしている。その過程は、いわば「螺旋状の回帰現象・往復運動」とでも呼べるものである。

この現象・運動の模様は、同様に如来常住思想にも看取することができる。『大法鼓経』は、『涅槃経』第一類を出発点とした本経の如来常住思想が、その発展過程で如来蔵・仏性思想を中心とする様々な思想の流れ・動きを吸収しながら、出発点と同様の理解に向かったことを示している。しかも『大法鼓経』が回帰した如来常住思想の原形は、『涅槃経』第一類の段階を超えて、さらにその元になっている『法華経』に求められることになった。従来『法華経』のインドにおける展開は、後続の諸仏典における一乗思想や如来蔵思想の中に解消していったとされることが多かった。しかし『大法鼓経』が一乗・如来蔵を説きながら、そのブッダ観をも『法華経』から継承していることで、『法華経』を正統的に発展させるコンテクストが存在していたことを教えてくれるのである。

（二）如来蔵思想に関わる用語――大乗仏教の如来観

仏性

如来蔵（タターガタ・ガルバ）と並立される「仏性」の原語は、「ブッダ・ダートゥ」という。このうち、「ダートゥ」は「要素、本質、エッセンス」を意味すると同時に、「遺骨」の意味を併せ持っている。すなわち「一切衆生に仏性がある（一切衆生悉有仏性）」とは、「一切衆生にはブッダのエッセンスがある」と同時に、『一切衆生はブッダの遺骨を〈その内に〉有している」との宣言でもあったのである。仏教の長い歴史において「ブッダの遺骨をその内に有するもの」といえば、それは取りも直さず「仏塔（ストゥーパ。卒塔婆。仏舎利塔）」に他ならない。すなわち、『涅槃経』における「一切衆生悉有仏性」の宣言は、「一切衆生の仏塔化」を意味しているのである。

仏教徒はブッダ釈尊の永遠性（如来常住）を、単に観念的にではなく、主に「釈尊入滅後に遺された仏塔」を通じて感得していた。なぜならば仏塔は、ブッダ釈尊の遺骨（ダートゥ）、すなわち、ブッダ釈尊のエッセンス（ダートゥ）をその内に収めるものとして、「生ける釈尊そのもの」と見なされたからである。したがって「一切衆生悉有仏性」とは、一切衆生を仏塔化することによって、「常住なる如来が、今、ここに（衆生の内に）存在していること」の宣言だったのである。

唯一のものに帰依しなさい。（中略）ブッダ（仏）こそがダルマ（法）でもありサンガ（僧）でもあり、如来だけで三宝[103]なのである。（中略）自らがブッダに帰依して一身となるべきである。それからブッダそのものに成って如来の業をなすがよい。如来と等しくなって後は、諸仏に礼拝する必要はない。自らが一切衆生の大きな帰依所のようになるべき〔だから〕である。自らは法身を捨てることなく、〔自らの内なる〕仏性（ブッダの本質、

【103】仏教が成立・存続するための、欠くべからざる三つの宝。仏（ブッダ。覚りを得た聖者）・法（ダルマ。教え）・僧（サンガ。仏と法を信奉する人々の集団）のこと。原語は「ラトナ・トラヤ」や「トゥリ・ラトナ」。

ブッダの遺骨〉と、〈仏性（＝ブッダの遺骨）を内に抱え込む、自らの身体という色身のブッダたる〉仏塔に敬礼（きょうらい）しなさい。敬礼することを望まない一切衆生にとって、自分自身が仏塔のようになるべきである。自らの身体が一切衆生の敬礼の拠り所となるべきである。[104]

法身（ほっしん）

原語は「ダルマ・カーヤ」であり、如来蔵思想の根幹をなす概念のひとつである。元来は「法よりなる〈常住な〉身体を有する」という、ブッダ如来に対する形容句であったが、時代が下るにつれ、独立した術語（法よりなる〈常住な〉身体）としての用法も加わった。『宝性論』はその中で法身を説明して、

法身は二種と知るべきである。〈その二種とは、〉よく垢を離れた法界（ほっかい）と、[105]
および、
その等流（とうる）[106]としての甚深な、あるいは種々の、教説とである。

【104】『涅槃経』(mDo. Tu 111a1-6)。

【105】真理の領域。原語は「ダルマ・ダートゥ」。

【106】時間的に先んじる「因（ヘートゥ）」と、後に連なる「果（パラ）」とが、同質性を保っていること。原語は「ニシュヤンダ」。

諸仏の法身は二種と知るべきである。〔第一は垢を離れた〕極清浄な法界で、〔これは〕無分別智[107]のはたらく領域である。また、それは、諸々の如来の〈自内証の法、所証の法。アディガマ・ダルマ[108]〉に関して〔いわれているもの〕と理解しなくてはならない。〔第二は〕その〔清浄法界の〕獲得の因であり、かつ、極清浄な法界と同質（等流）のもので、教化を受けるもの〔の能力の差〕に応じて、他の衆生たちに対して知らしめるものであり、これは〈所説の法。デーシャナー・ダルマ[109]〉に関して〔いわれているもの〕と知るべきである[110]。

と述べている。

ブッダ釈尊の「真実の身体」を「法」と見なす考え方は、初期仏典にまで遡れる。

実に、ヴァッカリよ、法を観る（真理を覚る）者はわたし（釈尊）を観る。わたしを観る者は法を観るのである[111]。

【107】諸仏の覚りの智。原語は「アヴィカルパ・ジュニャーナ」。

【108】諸仏の覚りのこと。

【109】諸仏の教説のこと。

【110】RGV 70.3–8、高崎［1989: 123］。

【111】『相応部経典』第三巻、120.28–29。

なぜならば、ヴァーセッタよ、如来は、〝法（真理、覚り）を身体とするもの（法身）〟〝ブラフマン（梵）を身体とするもの〟〝法と一体となったもの〟〝ブラフマンと一体となったもの〟と呼ばれるからである。[112]

右記二例は、先の『宝性論』の説明にあわせれば、前者の「所証の法（アディガマ・ダルマ）」に関する法身であるということができる。一方、次のような例も存在している。

アーナンダ[113]よ、あるいはそなたたちは、〔わたしの入滅後に〕次のように思うかもしれない。〝教えを説いてくださった師はいらっしゃらなくなった。自分たちの師はもはやいらっしゃらないのだ〟と。しかし、アーナンダよ、そのように見なしてはならない。アーナンダよ、わたしが説示した法（教説）と制定した律、それこそがわたしの入滅後、そなたたちの師となるのであるから。[114]

【112】『長部経典』第二巻、84.23–25。

【113】漢訳名は「阿難」。釈尊十大弟子の一人で「多聞（たもん）第一」とされる。釈尊と同様、もと釈迦族の一員で、永年にわたり釈尊のお伴（侍者）を務めた。

【114】『長部経典』第二巻、154.3–7。

〔ミリンダ王〕「尊者ナーガセーナよ、ブッダは実在するのですか？」
〔ナーガセーナ〕「はい、大王よ。〔釈迦牟尼〕世尊は実在します。」
〔ミリンダ王〕「尊者ナーガセーナよ、そうであるならば、〝ここにある〟とか〝そこにある〟とかいって、ブッダを示すことはできるのですか？」
（中略）
〔ナーガセーナ〕「大王よ、（中略）すでに入滅された世尊のことを、〝ここにある〟とか〝そこにある〟とかいって示すことはできません。（中略）大王よ、しかしながら、世尊を〈法を身体とするもの（法身）〉として示すことはできます。大王よ、なぜならば、法（教説）は世尊によって説示されたものだからです。[115]」

この二例は、後者の「所説の法（デーシャナー・ダルマ）」に関する法身である。

ただ、「所証の法（アディガマ・ダルマ）」に関する法身であれ、「所説の法

【115】『ミリンダ・パンハ』、73.9–22。

（デーシャナー・ダルマ）」に関する法身であれ、そこで開示される仏身は、滅びゆく有為の身体（色身）[116]を超えた、常住・無為の仏身を述べている点で、変わるところがない。

法身思想の構造的特徴は[117]、有為で無常である衆生（凡夫）の世界と、無為で常住なブッダ如来の世界とを対峙させるところに存する。衆生の世界は無常・苦・有為のものとして否定されるべきものであるのに対して、常住・楽・無為の法身は、衆生の世界とは隔絶した存在である。この両者に隔絶があるがゆえに、衆生の側にはこの隔絶を埋めるための「宗教行為の実践」が不可欠となる。

このような法身思想を、宗教行為の実践を通しての「有為なる衆生と無為なる法身との関わり」ととらえるならば、常住・無為である法身に無常・有為である衆生が何らかのかたちで関連しているという表現を取ることが可能となる。そしてこれが進むことによって、「有為なる衆生が無為なる法身をその内に抱え込んでいる」との主張が誕生することになる。これこそが、如来蔵思想に他ならない。

ただし、無為の法身を衆生の内に抱え込ませた如来蔵思想においては、「如

【116】原語は「ルーパ・カーヤ」。「姿かたち（肉体）をそなえた身体」の意。

【117】下田他［1997］を参照した。

来法身をすでに獲得している衆生が、なぜ改めて法身獲得のために修行をしなくてはならないのか」という〈修道論的課題〉と、「如来法身をすでに獲得している衆生が、なぜ煩悩にまみれているのか」という〈構造的課題〉を生み出すこととなった。その後、如来蔵系諸経典が解決を目指したもののなかなか成功せず、最終的な解決は、〈衆生の内なる如来法身を放棄した『大法鼓経』〉の登場まで待つ必要があったのである。

本覚

「本覚（ほんがく）」とは「本来的な覚性（かくしょう）」であり、一切衆生に本来的に存在している覚りの智慧を指す。この衆生の内なる仏智は法身に他ならないため、本覚とは、如来蔵・仏性と同じものを指している。この語は、中国撰述の可能性が高いとされる『大乗起信論』における用例が基本であり、インドの原典に遡って原語を確定することができていない。

このうち、覚りとしての内容とは、〔衆生の〕心の本性（心体＝如来蔵）

が分別・思惟を離れていること（離念）を指す。分別・思惟を離れたありかたは、虚空界のようであり、ゆきわたらないところがない（無所不遍）。それは全てのものの根元（法界）として同一の相を持っている。またそれは、全ての如来に平等な法身に他ならない。そして、まさにこの法身との関連で、〈衆生の心の本性は〉〈本覚〉と呼ばれるのである。[118]

一方、この用語「本覚」に基づいて後代に日本で発展した「本覚思想（天台本覚思想）」においては、凡夫の現象世界自体が本覚の現れと見なされるようになり、ここに現状を過度に評価し、仏道修行そのものを否定するような動き（修行無用論）まで登場するに至った。この本覚思想は、本来の如来蔵思想とは峻別して考えなければならない。

種姓

「種姓（ゴートラ）」は『宝性論』において[119]、その原タイトル「ラトナ・ゴートラ・ヴィバーガ（宝を生み出す種姓の分析）」にもなっているように、同論に

【118】『大正新脩大蔵経』第三十二巻、576b11–14。宇井・高崎［1994: 29, 186］。

【119】下田他［1997］を参照した。

おける重要な概念として位置づけられていることが知られる。

「種姓」は元来、インド社会における「家系」「家柄」を表すことばであり、それを如来蔵思想は、「衆生は誰もが如来の種姓（家系、家柄）に生まれている。それゆえ、一切衆生は成仏可能なのである」という意味で取り込んだ。すなわち如来蔵思想における種姓は、一切衆生に適用される「如来種姓（タターガタ・ゴートラ）」というひとつの用法に限定される。また、『宝性論』は「性・界（ダートゥ）＝因（ヘートゥ）＝種姓（ゴートラ）」という伝統的な理解も踏まえており、種姓は性・界とともに、将来如来たるべき「因」に他ならないとしている。

真如

「真如（しんにょ）（タタター）」は、「そのように」を表す副詞「タター」に、抽象名詞を作る語尾「ター」がついた女性名詞で、その原義は「その通りであること」「ありのままであること」である。そのため、単に「如」と訳される例も存在する。ブッダ如来によって感得された、真理の世界・ありのままの世界・如実の世界が真如の世界であり、菩提を得ておらず、無明(むみょう)をはじめとする諸煩悩によって曇らされた眼しか持たない凡夫には、見ることのできない世界とされる。先の「法身」と引き合わせるならば、所証の法（アディガマ・ダルマ）としての法身が真如に相当する。

ここで、真如の元となった「そのように（タター）」を前半にもつ、「如来（タターガタ）」ということばについて考えてみたい。

「タターガタ」はその構成上、

Ⅰ　タター　＋　ガタ（到達した者）

Ⅱ　タター　＋　アーガタ（来至した者）

の二つの可能性がある単語で、伝統的にいくつかの解釈がなされてきた。その代表例を見てみよう。

① まずⅠで、「タター」を「そのように」と副詞のままで解釈する例である。では「そのように」とはどのようにかといえば、「過去の聖者(しょうじゃ)たちと同様に」という意味であるとし、「過去の聖者たちと同様の境地に到達した者」「修行完成者」と解釈するものである。

② 同じくIではあるが、「タター」を「そのように」と、①と同じく副詞で解釈しつつ、その意味を「ありのままに、如実に」と理解する例である。凡夫は無明をはじめとする諸煩悩に眼を曇らされているため、凡夫が観察する世界は当然ながら、ありのままの世界とは乖離した偽りの世界である。無明を完全に抑え込んだブッダだけが、真理の世界をありのままに理解しうる「如実知見」をそなえているとされる。「ありのままに、如実に理解した者」、それが②におけるタターガタの意味となる。

③ これは②と類似の例である。「タター」をその抽象名詞形の「タタター（そのとおりであること、真如）」と解釈し、それにIを適用して、タターガタを「真理の世界・真如の世界に到達した者」と理解するものである。

④ これは③と同様に「タター」を「タタター（真如）」と解釈しつつ、それにIIを適用する例である。この例では、視点がこちらの迷いの世界（此岸）ではなく真如の側（彼岸）に移動しているため、タターガタは「真理の世界・真如の世界にやって来た者、来至した者」という意味になる。

⑤ これは「タター」を「タタター」と解釈し、さらにIIを適用している点

では④と同じであるが、視点が彼岸ではなく此岸、すなわち凡夫のいる場所に置かれている点に、④との大きな違いがある。この⑤ではタターガタは、「真理の世界・真如の世界から、私たちのもとにやって来てくれた者、戻って来てくれた者」という意味になる。

これら①から⑤までの解釈例を見るとき、①から④までのタターガタは、釈尊が修行を完成させ、ありのままの世界を理解し、真理（所証の法。アディガマ・ダルマ）に到達した、とする点で、「ブッダ、覚った者」と実質的に同じ意味となっている。さらに①から④では焦点はあくまで、「その人自身が真理に到達したこと」に当てられていることが分かる。

ところが⑤では、焦点が「その人が真理に到達して以降」へと移っており、意味も「ブッダ、覚った者」と同じではない。「覚りを得てブッダと成ったその人が、真理の世界（彼岸）に留まらずこちらの迷いの世界へ（此岸）と戻って来てくれた」、すなわち⑤には、「衆生に利益・功徳・恩恵をもたらす者」「衆生救済者」という意味合いが色濃く出ているのである。漢訳語の「如来」は、この⑤の解釈に拠ったものとされる。

四句：常住・堅固・寂静・恒常

元来、如来や涅槃の形容句である「四句」は、如来蔵系諸経論においても如来法身を表現する際に好んで用いられる。[120] 以下、『不増不減経』と『宝性論』より、四句の説明をしている個所を一例ずつ引用する。

> シャーリプトラよ、この〔如来〕法身は「常住（ニティヤ）」である。〔すなわち〕無変異性のものである。無尽性のものであるから。
>
> シャーリプトラよ、この〔如来〕法身は「堅固（ドゥルヴァ）」である。〔すなわち〕堅固な帰依処である。未来際にわたって平等であるから。
>
> シャーリプトラよ、この〔如来〕法身は「寂静（シヴァ）」である。〔すなわち〕無二性のものである。無分別性であるから。
>
> シャーリプトラよ、この〔如来〕法身は「恒常（シャーシュヴァタ）」である。〔すなわち〕不消滅性のものである。非人為的な性質のものであるから。[121]

【120】 *RGV* 20.9–10, 53.9–54.15, 83.12–17, 84.7–10, 84.20–21.

【121】 *RGV* 54.12–15、高崎[1989: 94]。

それ（ブッダの本性、如来法身）は生起を離れているゆえに「常住」であり、抑滅を離れているゆえに「堅固」であり、〔生起・抑滅の〕二の無のゆえに「寂静」であり、法性に安立しているゆえに「恒常」である。【122】

語法としての類似の用例は、初期仏典中にも見られる。

比丘たちよ、実にこのように知り、このように観察する者には、諸々の漏（煩悩）の滅尽がある。〔彼は〕色（身体）をアートマン（我）として見ないし、受（感受作用）をアートマンとして見ないし、想（表象作用）を〔アートマンとして見〕ないし、諸行（諸々の形成作用）を〔アートマンとして見〕ないし、識（認識作用）をアートマンとして見ない。しかし〔彼には〕次のような見解がある。〝それはアートマンである。それは世間である。かくいう〔私〕は死後も常住であり、堅固であり、恒常であり、変化しない性質のものである〟と。【123】

【122】*RGV* 84.20–21、高崎［1989: 151］。

【123】『相応部経典』第三巻、98.24–31。

それ（創造主である梵天[124]）は常住であり、堅固であり、恒常であり、変化しない性質のものであり、永久に変わることなく存在するであろう[125]。

ほとんどの如来蔵系経論においては、「如来蔵・仏性＝如来法身」という理解を採用しているため、四句は如来そのものを形容する際にも、如来蔵を形容する際にも用いられる。そのような状況下で、唯一の例外といえるのが『大法鼓経』である。『大法鼓経』は衆生の内なる如来蔵・仏性を如来法身とは理解していないため、経典中に四句は頻繁に用いられるものの、それらは全て如来の形容句であり、如来蔵・仏性の形容句として用いられている例はひとつも存在しないのである。

我（アートマン）

仏教は「我（アートマン）」を否定する宗教だといわれる。たしかに、仏教の教えの何たるかを示す〈三法印〉（ないし、四法印）には「諸法無我（サルヴ

【124】原語は「ブラフマー」。ウパニシャッドにおいて到達された宇宙の最高原理「ブラフマン」を神格化したもの。

【125】『長部経典』第一巻、18.35–36。

ァ・ダルマー　アナートマーナハ）」があり、通常「一切法の中にはアートマンは存在しない」と解釈されている。ここで否定されているアートマンとは、ウパニシャッドにおいて到達された「常住・単一・主宰の個人主体・個人原理、自己の本体」とされる。アートマンを否定している初期仏典の所説を参照してみよう。

〔釈尊〕「比丘たちよ、身体（物質、色。ルーパ）はアートマン（自己の本体）ならざるもの（非我）である。もし身体がアートマンであるならば、身体は病に罹ることはないはずである。また、〝私の身体はこのようであれ〟とか〝私の身体はこのようでないように〟ともなしうるであろう。しかし身体はアートマンではないから、身体は病にも罹るし、〝私の身体はこのようであれ〟とも〝私の身体はこのようでないように〟ともなしえないのである。

感受作用（受。ヴェーダナー）はアートマンならざるもの（非我）である。

（中略）

表象作用（想。サンジュニャー）はアートマンならざるもの（非我）である。（中略）

形成作用（行。サンスカーラ）はアートマンならざるもの（非我）である。（中略）

認識作用（識。ヴィジュニャーナ）はアートマンならざるもの（非我）である。（中略）

比丘たちよ、汝らはどう考えるか。身体は常住であろうか、それとも無常であろうか。」

〔比丘たち〕「身体は無常であります。」

〔釈尊〕「では、無常であるものは思い通りにならないか、それとも思い通りになるか。」

〔比丘たち〕「思い通りになりません。」

〔釈尊〕「では、無常であって思い通りにならず、損壊（そんね）する性質を持つ〔身体〕を、どうして〝これは私のものである〟とか〝これが私である〟とか〝これが私のアートマンである〟などと見なすことができようか。」

〔比丘たち〕「いいえ、できません。」

〔釈尊〕「感受作用は（中略）、表象作用は（中略）、形成作用は（中略）、認識作用は常住であろうか、それとも無常であろうか。」

〔比丘たち〕「無常であります。」

〔釈尊〕「では、無常であるものは思い通りにならないか、それとも思い通りになるか。」

〔比丘たち〕「思い通りになりません。」

〔釈尊〕「では、無常であって思い通りにならず、損壊する性質を持つものを、どうして〝これは私のものである〟とか〝これが私である〟とか〝これが私のアートマンである〟などと見なすことができようか。」

〔比丘たち〕「いいえ、できません。」

〔釈尊〕「それゆえに、ありとあらゆる身体、感受作用、表象作用、形成作用、認識作用は（中略）〝これは私のものではない〟〝これは私ではない〟〝これは私のアートマンではない〟と、如実に、正しい智慧をもって理解しなくてはならない[126]。」

【126】『律蔵』第一巻、13.18–14.26。

この引用個所からは、「諸法無我」の内実は「五蘊（われわれの構成要素である色・受・想・行・識）非我（五蘊がアートマンではない）」であったことが分かる。したがって、厳密にいうならば、「諸法無我（五蘊非我）」とはアートマンの存在自体の全否定ではなく、五蘊以外にアートマンが存在している可能性を残すものとなっている。[127]

一方、大乗仏教になると、積極的にアートマンを肯定する経論が登場する。その代表例が如来蔵系諸経論なのである。『涅槃経』第二類と『大法鼓経』より引用する。

〔迦葉菩薩〕「はたしてこの世界（二十五有[128]）に、アートマンはあるのでしょうか。それともないのでしょうか。」
〔釈尊〕「アートマンとは如来蔵のことである。仏性は一切衆生に存在する（一切衆生悉有仏性）が、それは諸々の煩悩に覆われていて、自分の中

【127】もちろん、現在パーリ仏典に拠る限り、「アートマンが存在する」と明言していないのは事実である。また、時代が下ると「五蘊＝十二処＝十八界」として、五蘊はわれわれ人間の構成要素のみならず世界全体を指すようになったため、この段階になれば、「諸法無我（五蘊非我）」は「一切法はアートマンにあらず」「一切法中にアートマンはない」を意味するようになった。

【128】衆生が輪廻する世界（三界）を二十五種に分類したもの。

に存在しているにもかかわらず、衆生はそれを見ることができないのである。

たとえばある村の貧しい者の家に、無尽蔵の金の鉱脈があったとしよう。そこには一人の婦人が住んでいたが、自分の家の地下に金の鉱脈があるとは知らず、貧しい生活を送っていた。そこで、人を導く術に長けたある人がその婦人に、〝婦人よ、こちらに来なさい。私はあなたに報酬を与えるから、家事をやっておくれ〟と言うと、彼女は〝もしあなたが私の息子に宝を示してくれるなら、私は参りましょう〟と応えたところ、（中略）彼は〝お前の家には金の鉱脈があるにもかかわらず、お前は知らないのだ。（中略）〟と言って、（中略）そこで彼は家の地下から金の鉱脈を取り出して彼女に与えたのである。彼女はそれを見て驚嘆し、彼に帰依をした。

それと同様に、善男子よ、如来蔵（アートマン）は一切衆生に存在するのだが、ただ見ることができないだけなのである。貧しい女に金の鉱脈が存在していたように。[129]」

【129】『涅槃経』(mDo. Tu 105b4-106a5)。

〔釈尊〕「この『大法鼓経』もそれと同様〔に希有〕である。それはなぜかといえば、如来は入滅したにもかかわらず依然として〔ここに〕住し続けると言い、アートマンも我がものという観念（我所）もない〔と信じてきた〕者たちに向かって、今再びアートマンはあると説くからである。[130]」

それでは、結局のところ、仏教においてアートマンは否定されているのであろうか、それとも肯定されているのであろうか。実は、次のように述べる初期仏典が存在している。

〝アートマンが存在する〟と〔仏教徒全員が承認しなければならないものとして〕断定すると「常見（慢心の原因の一種）」に陥るし、〝アートマンが存在しない〟と断定すると「断見（虚無主義の一種）」に陥る。[131]

すなわち、初期仏典の段階から、アートマンの存在・非存在はどちらとも断定できないと考えられていたことが分かる。仏教の教えが何たるかを示す〈三

【130】『大法鼓経』(mDo. Tshu 95a5–6)。

【131】『相応部経典』44・10（取意）。

（四）法印〉のように、仏教徒全員が承認するような真実としては、アートマンの存在も非存在も規定されないというのである。裏を返せば、個別の教説（治療薬[132]）としてアートマンの存在を説くことは、何らの問題もないことになる。

実際、大乗の論書においては、中観（ちゅうがん）派[133]の祖とされる龍樹（りゅうじゅ）（ナーガールジュナ、一五〇～二五〇頃）が、主著『中論（根本中頌[134]）』の第十八章第六偈において次のように述べている。

諸仏によって〝アートマンはある〟とも施設（せせつ）（仮説（けせつ）[135]）された。〝アートマンはない〟とも説かれた。〝何かアートマンと呼ばれるものがあるわけでもなく、アートマンのないものがあるわけでもない〟とも説かれた。

ここにわれわれは、仏教におけるアートマン論争の最終解答を見いだすことができるのではないだろうか。

【132】本書あとがき参照。

【133】原語は「マーディヤミカ」。瑜伽行派（本章注【67】参照）と並ぶ、インド大乗仏教二大学派のひとつ。すべてのもの（一切法）は縁起するものであって、独立した固有の自性を持たず空であり、ものごとをそのように捉えることが中道であると唱えた。

【134】『ムーラ・マディヤマカ・カーリカー』。全二十七章。

【135】素材に基づいて認識上設定すること。原語は「プラジュニャピタ」。

第二章　如来蔵思想の淵源

（一）初期仏典に見る淵源——自性清浄心と仏塔

（1）自性清浄心(じしょうしょうじょうしん)

初期仏典には、

比丘たちよ、この心は明浄(みょうじょう)である。〔しかし〕それは客塵(きゃくじん)煩悩[1]によって汚(けが)されている。比丘たちよ、この心は明浄である。〔実に〕それは客塵煩悩から離脱している。[2]

【1】「かくじん」とも読む。一時的、偶発的であり、本来的ではないこと。原語は「アーガントゥカ」。

【2】『増支部経典』第一巻、10.5-8。もっとも、上座仏教の理解によればこの教説は、心は本来善でも悪でもない（無記である）ことを示しているとする。

と説かれており、如来蔵思想の淵源のひとつと見なされてきた。実際、インドにおける如来蔵思想の集大成ともいえる『宝性論』[3]においても、これに基づくと想定される記述が多数確認される。

1　心は本来光り輝いているが、客塵煩悩によって汚されている。[4]

2　過失（煩悩）は客塵たるものとして〔一時的に如来蔵と〕結合し、〔一方、〕功徳は本来〔的に如来蔵と〕結合するゆえに、不変異なる本性（如来蔵）は、前にあったごとく、後にもそのとおりである。[5]

3　この心の光り輝く本性なるもの、それは虚空のように決して変壊しない。しかし、虚妄分別[6]によって生じた客塵たる貪欲にもとづく諸垢によって、それは染汚される。[7]

【3】『宝性論』については本書第四章参照。

【4】*RGV* 45.3、高崎［1989: 78］。

【5】*RGV* 41.20–21、高崎［1989: 73］。

【6】ものごとの真相を誤ってみだりに識別判断すること。原語は「アブータ・カルパ」。

【7】*RGV* 43.9–12、高崎［1989: 76］。

4　諸々の煩悩は客塵であり、本性は根本的に清浄である。【8】

5　サーガラマティ（海慧菩薩）よ、それと同様に、菩薩は衆生たちの心が本来清浄であることを知り、しかもなお、それが客塵煩悩によって汚されていることを観る。そのとき、その菩薩に次のような想いが生じる。「これらの煩悩は決して、衆生たちの心の自性明浄なることの中に浸透することはない。これらの煩悩は客塵たるものであり、虚妄分別より生起したものである。そうであるから、私はこれら衆生たちの客塵煩悩を取り除くべく法（教え）を説くことができればよいのだが」と。【9】

6　客塵煩悩という垢に覆われた衆生たちの内に、この〈仏〉性は住している。【10】

7　それと同様に、本性（仏性）の光り輝くことと、諸垢の客塵たることを常に観察して、最勝の菩提【11】を得た方（如来）は、宝蔵に似た衆生を

【8】 *RGV* 44.9、高崎［1989: 77］。

【9】 *RGV* 49.9–13、高崎［1989: 85–86］。

【10】 *RGV* 60.5–6、高崎［1989: 105］。

【11】「ボーディ（覚り）」の音写語。

〔仏性を〕覆う障礙（しょうげ）から浄化する[12]。

8　要約すれば、この『如来蔵経』〔に説かれた九〕喩の説示によって、全ての衆生界の無始である心を汚すものが客塵であることと、無始である心を浄めるものが、共に生じるもの（倶生（くしょう））、不可分離のものであることとが説明された[13]。

9　要約すれば、如来性（にょらいしょう）[14]が本来清浄であるにもかかわらず、これら九種の煩悩[15]が常に〔そこに〕客塵たるものとして存在すること、あたかも、ブッダの形像（ぎょうぞう）における蓮華の萼（うてな）などのごとく[16]である[17]。

10　しかも、全ての衆生たちにとって、〔それが〕たとえ邪定（じゃじょう）[18]の身であっても、本来無差別（むしゃべつ）である、この同じもの（真如（しんにょ））[19]が、一切の客塵の垢から浄められたとき、如来という名称を得るのである[20]。

【12】 RGV 66.3-6、高崎[1989: 115]。

【13】 RGV 66.18-67.1、高崎[1989: 116]。

【14】 原語は「タターガタ・ダートゥ」。「如来蔵（タターガタ・ガルバ）」、「仏性（ブッダ・ダートゥ）」と同義。

【15】 貪欲の随眠（ずいめん）の相を持つ煩悩、瞋恚の随眠の相を持つ煩悩、愚癡の随眠の相を持つ煩悩、強烈な貪・瞋・癡の発現した相を持つ煩悩、無明住地に包摂される煩悩、見道所断の煩悩、修道所断の煩悩、不浄地に存する煩悩、浄地に存する煩悩の九種（高崎[1989: 117-118]）。

【16】 『如来蔵経』における九喩を指している。本書第三章第二節「『如来蔵経』における如来蔵の受容」参照。

【17】 RGV 67.8-9、高崎[1989: 117]。

【18】 覚りを得られぬことが決

11　〔仏〕性は、分離する特質を持つ客塵たる〔諸法＝諸煩悩〕については空である（それらを欠いている）が、不分離を特質とする無上の諸徳については不空である（それらをそなえている）【21】。

12　本来清浄である如来性から〔滅ぜられるべき何らの〕雑染（ぞうぜん）の因たるものも〔ない〕。それ（如来性）が、客塵の垢のない（空である）ことを本性としているからである【22】。

13　〔仏性が〕本来清浄な法蔵である限りでは、空性において心が散乱している者たちの境界（きょうがい）ではない、と言われる。不分離な出世間の法身（ほっしん）【23】として顕される、清浄な価値ある諸徳性〔を有する者〕にとっては、客塵の垢が空であることが本性であるからである【24】。

14　虚妄とは、衆生たちの過失をいう。それは作られた、客塵のものであるから。真実とは、その過失の無我（空）なることで、本来清浄な諸徳

定（けつじょう）しているとされた者のこと。原語は「ミティヤートゥヴァ・ニヤタ」。

【19】原語は「タタター」。原義は「その通りであること」「あるがままの道理」。仏教における究極的真理の一名称。本書第一章第二節「真如」の項参照。

【20】*RGV* 71.8–10、高崎[1989: 125]。

【21】*RGV* 76.3–4、高崎[1989: 133]。

【22】*RGV* 76.5–6、高崎[1989: 133]。

【23】原語は「ダルマ・カーヤ」。「真理（あるいは教え）を身体とする者」の意で、ブッダ如来の本体を指す。本書第一章第二節「法身」の項参照。

【24】*RGV* 76.19–77.1、高崎[1989: 134–135]。

性をいうのである。[25]

15　仏の本性は本来明るく輝いているが、客塵煩悩〔障〕と所知〔障〕[26]の厚い雲の網にあまねく遮られて〔見えないことは〕、〔雲に覆われた〕太陽や空のごとくである、とすでに説かれた。[27]

16　本性として不成立であること、遍く拡がること、客塵たるものである点で、そこにある〔客塵〕煩悩と所知の〔二〕障は、雲のようであると喩説された。[28]

17　清浄は、要略すれば二種である。〔すなわち〕本性清浄と離垢清浄である。そのうち、本性清浄とは、解脱ではあるがまだ離繫していないこと[29]で、光り輝く心の本性が客塵の垢からまだ離れていないからである。離垢清浄とは解脱であって、かつ離繫していることであり、水などが塵の垢などから離れるように、光り輝く心の本性が、残らず、客塵の垢から離れ

【25】*RGV* 78.13–14、高崎［1989: 138］。

【26】四諦（苦諦・集諦・滅諦・道諦）などを知る際に、智がはたらくことの障害となるもの。

【27】*RGV* 80.2–3、高崎［1989: 142］。

【28】*RGV* 80.11–12、高崎［1989: 142］。

【29】煩悩の束縛から離脱していないこと。

たからである。【30】

18　貪欲等の客塵煩悩からの浄化は、（中略）無分別智【31】の果である。【32】

19　客塵であり、遍至し、しかも虚妄であるから、煩悩は雲のごとくであり、〔そして〕その除滅を進めるので、大悲は巻き起こった風のごとくである。【33】

このように「心性明浄、煩悩客塵」は、『宝性論』の教説の基本線を構成していることが知られる。

（2）仏塔

パーリ『涅槃経【34】』によると、釈尊は自らの入滅に臨み、自分の入滅後は遺骨を納めたストゥーパ（仏塔）を建立（こんりゅう）するようにと、お伴（侍者）のアーナンダ【35】に教誡している。

【30】*RGV* 80.15–19、高崎[1989: 143]。

【31】原語は「ニルヴィカルパ・ジュニャーナ」。主体と客体を区別して対象を言語や概念等によって分析的に把握しようとしない、ブッダ如来の根本智。

【32】*RGV* 81.10–11、高崎[1989: 144]。

【33】*RGV* 99.11–12、高崎[1989: 178]。

【34】『マハー・パリニッバーナ・スッタンタ』。パーリ大蔵経のうち、『長部経典（ディーガ・ニカーヤ）』第二巻所収。釈尊最後の旅路と入滅後の様子を描いている。経題は「苦の終滅に関する詳細な経典」の意。

【35】漢訳名は「阿難」。釈尊十大弟子の一人で「多聞（たもん）第一」とされる。

アーナンダよ、転輪聖王【36】の遺体の処置と全く同様の方法で、如来の遺体も処置されなければならない。交通の要所には如来の〔遺骨を収めた〕ストゥーパ（仏塔、仏舎利塔、卒塔婆）を建立せよ。誰であれ、そこで華や香料や顔料を献げて礼拝したり、心を浄めて信じるならば、そのことによって彼らには、長きにわたり、利益と安楽がもたらされるであろう。

（中略）

如来・応供【37】・正遍知【38】はストゥーパを建立されるにふさわしい。（中略）ではアーナンダよ、どのような道理にもとづいて、如来・応供・正遍知はストゥーパを建立されるにふさわしいのであろうか。アーナンダよ、〝これがかの世尊・応供・正遍知（釈尊）のストゥーパなのだ〟と言って、多くの者たちが心を浄めて信じる。彼らはストゥーパの前で心を浄めて信じたことで、死後、現在の身体を失った後に、善趣である天界へと生まれ変わるのである。アーナンダよ、まさにこの道理にもとづいて、如来・応供・正遍知はストゥーパを建立されるにふさわしいのである【39】。

【36】原語は「チャクラ・ヴァルティン」。「転輪王」ともいう。正義をもって全世界を治める理想の王。ブッダと転輪聖王は、三十二相（三十二の勝れた身体的特徴）を共有するなどの共通点を有する。

【37】原語は「アルハット」。如来の十号（如来・応供・正遍知・明行足・善逝・世間解・無上士・調御丈夫・天人師・仏・世尊）のひとつ。「供養や尊敬に応ずることできる（値する）聖者」の意。小乗仏教（成仏を目指さない仏教。本書第二章第二節参照）における聖者の最高位である「阿羅漢」とは、原語を同じくする。

【38】原語は「サムヤク・サンブッダ」。如来の十号のひとつ。「正しく完全に覚った者」の意。

【39】『長部経典』第二巻（パーリ『涅槃経』）、142.8-24。

死後、天界へと生まれ変わる（生天する）ことを説いているため、仏塔建立や仏塔崇拝は在家信者に特化したものと考えられがちであるが、考古資料によれば、在家者のみならず出家者も、仏塔建立と仏塔崇拝に関わっていたことが分かっている。もちろん、出家者の最終ゴールは解脱（輪廻からの離脱）である。一方、在家者の目指すものは生天である。しかし、出家者全員が今生で解脱できるわけではない。在家者ですら善業を積む（作善する）ことで生天を獲得できると仏教では教えられている。とすれば、在家者よりはるかに厳格な修行を積み、しかし今生では解脱できなかった出家者がどこに行くかといえば、これは天界より他に考えられなかったのであろう。【40】実際、仏塔はインド中はもとより、仏教文化圏全てにわたって建立されてきたのである。

一方、漢訳『増一阿含経』【41】では、仏塔供養で成仏が可能となるまでに、仏塔の価値が上昇している。

如来の身体は金剛【42】のようである。この身体を砕いて芥子粒ほど〔の遺

【40】このことは、初期仏教や部派仏教における仏弟子の修行の階位を示す「四向四果」「四双八輩」の考え方からも明らかである。

【41】漢訳四阿含（長阿含、中阿含、雑阿含、増一阿含）のひとつ。初期（原始）経典。「阿含（アーガマ）」とは「伝承〔されてきた教説〕」の意。

【42】原語は「ヴァジュラ」。雷光あるいはダイヤモンドのこと。堅固にして壊れることなく、強力な光を放つ。

骨〕にして世間に広く行き渡らせよう。そうすれば、未来（如来滅後）の篤信者は如来の姿かたちを見ることはできなくても、これ（如来の遺骨）を供養することができるであろう。これを供養すれば、四姓（ししょう）家[43]、四天王家、三十三天、（中略）自在天、他化自在天[44]に生まれるという福徳も得られるであろうし、また、（中略）阿羅漢や独覚（どっかく）[45]にもなれるであろう。もしブッダと成ることができたとしても、それもやはりこの〔遺骨供養の〕おかげなのである。[46]

なぜ、それほどまで（パーリ『涅槃経』では生天が、漢訳『増一阿含経』では成仏まで可能）に仏塔供養・崇拝の功徳が大きいとされたのであろうか。それは、ブッダの遺骨を表す「ダートゥ」という概念が深く関与している。ダートゥは遺骨の他に、「構成要素」「本質」をも意味する。すなわち、釈尊の遺骨（ダートゥ）を内に納める仏塔は、釈尊の構成要素・本質（ダートゥ）を内にそなえるものとして、生ける釈尊と同等の位置に置かれたのである。仏教徒にとって釈尊への供養・崇拝の功徳の大きいことは多言を要しない。そして、生け

【43】「ブラーフマナ（司祭階級）」、「クシャトリヤ（王族、武人階級）」、「ヴァイシャ（庶民階級）」、「シュードラ（隷民、肉体労働者階級）」という四階級（ヴァルナ）のこと。「来世に人間として生まれ変わる福徳が得られる」と説かれている。

【44】いずれも天界のひとつ。「来世に天界に生まれ変わる福徳が得られる」と説かれている。

【45】阿羅漢や独覚については、本章第二節参照。

【46】『大正新脩大蔵経』第二巻、751a11–19。

る釈尊と等置された仏塔への供養・崇拝の功徳も、それと同様に絶大であったのである。

『涅槃経』によって提唱された「仏性」の原語は、ブッダの遺骨を指す原語と全く同じ「ブッダ・ダートゥ」である。「一切衆生悉有仏性」との『涅槃経』による提言は、「一切衆生はその内にブッダの遺骨を有する」と同義であり、「衆生の仏塔化」であった。仏塔は、仏塔信仰の脈絡ではブッダそのものであるから、衆生の仏塔化は取りも直さず、「衆生のブッダ化」でもあったのである。

（二）初期仏教から大乗仏教へ——仏・成仏の拡大：『法華経』

現存する初期仏典（原始仏典）に拠る限り、仏弟子の到達できる最高位は阿羅漢（アルハット）[47]であり、ブッダと成ること（成仏）は、ごく限られた者（菩薩）[48]のみが到達できるとされている。紀元前後に登場した大乗（マハー・ヤーナ）仏教はこの考えを改め、仏教の定義を「仏の説いた教え・歩み」のみな

【47】供養や尊敬（そんぎょう）に値する聖者の意。

【48】原語は「ボーディ・サットヴァ」。覚り・菩提（ボーディ）を得ることが確定している衆生（サットヴァ）の意。初期仏典における菩薩は、限られた数のブッダの前身を指す固有名詞である。

らず、「仏に成るための教え・歩み」へと拡充した。成仏を目指す大乗仏教は、それまでの阿羅漢を目指す仏教を「小乗（ヒーナ・ヤーナ）仏教」と貶称した。

ここで、大乗（マハー・ヤーナ）と小乗（ヒーナ・ヤーナ）の意味を確認しておきたい。「たくさんの人を成仏まで運べる大きな乗り物だから大乗」「一人だけの覚りを求めている小さな乗り物だから小乗」という説明をいまだに見かけることがあるが、これは誤解である。小乗の「小」の原語である「ヒーナ」に「小さい」という意味はない。ヒーナの意味は「劣った」である。成仏という向う岸（彼岸）へと到れず、途中の「阿羅漢島」までしか行けない「劣った乗り物」であるため、ヒーナ・ヤーナと呼ばれる。それに対して、きちんと成仏の彼岸まで到れる「立派な乗り物」であることから、マハー・ヤーナと呼ばれるのである。すなわち、大乗・小乗における「大小」は、乗り物の規模ではなく、価値的な大小を意味しているのである。

このマハー・ヤーナ、大乗の意識を初めて宣揚した経典が、『般若経（はんにゃきょう）』【49】であると考えられている。『般若経』の編纂者たちは菩薩の意味を拡大し、六波羅蜜【50】を修習（しゅじゅう）する者は誰でも菩薩であり、成仏が可能であると唱えた。

【49】原題は『プラジュニャー・パーラミター』。単一の経典ではなく、同一の経題を持つ経典の集合体。その集合体の中に、最初期の大乗経典（西暦紀元前後）を含む。経題は「知慧の完成による到彼岸」の意。

【50】布施（ダーナ）・持戒（シーラ）・忍辱（クシャーンティ）・精進（ヴィーリャ）・禅定（ディヤーナ）・智慧（プラジュニャー）の六つの徳目を完成させて、覚りの彼岸に到ろうとすること。布施行が入っていることからも明らかなように、六波羅蜜の修行は利他行の性格を本来的に有している。

ここで「菩薩」について説明しておく。本書第一章注【21】、本章注【48】で触れておいたように、菩薩の原語は「ボーディ・サットヴァ」であり、「覚(さと)り・菩提（ボーディ）を得ることが確定している衆生（サットヴァ）」を意味している。なぜ菩薩が覚りを得ていることが確定しているのかといえば、菩薩は先達のブッダより、将来の成仏を予言・保証、すなわち「授記(じゅき)」[51]されているからである。仏教には元来、自らの修行の果報のみによって成仏する「業報作(ごっぽうさ)仏(ぶつ)」の考えがあったが、次第に、先達のブッダによって成仏の保証をされたことによる「授記作仏」の考えが強くなった。これは、釈尊の過去世物語である『ジャータカ（本生譚(ほんじょうたん)）』において、釈尊がスメーダという名の修行者であったとき、ディーパンカラ（燃燈(ねんとう)）という先達のブッダから成仏の授記を与えられ、菩薩となったことに端を発する。ここから「菩薩は成仏の授記を与えられた者。いかに修行を積もうとも、授記を与えられていない者は菩薩ではなく、したがって成仏はできない」とする見方が主流となった。現存する初期仏典（原始仏典）に拠る限り、釈尊は弟子たちに成仏の授記を与えていない。そのため、仏弟子の最終ゴールは成仏ではなく、阿羅漢という状態にとどまること

【51】原語は「ヴィヤーカラナ」。

になったのである。

そのような状況下で『般若経』は、「六波羅蜜を修習する者は誰でも菩薩であり、成仏が可能である」と主張した。菩薩になるためには釈尊から授記を得なくてはならないはずである。だが、『般若経』をはじめ、大乗経典が編纂されたのは釈尊の入滅後である。六波羅蜜を修習する者たちに授記する釈尊は、どこに存在していたのであろうか。

仏滅後に仏教徒に成仏の授記を与える釈尊のことば、それこそが大乗経典に他ならない。大乗経典こそ、仏滅後に仏弟子に成仏の授記を与えるという、釈尊の〈ハタラキ〉をなすものであり、その意味で、仏滅後にも存在し続ける釈尊に他ならなかったのである。この釈尊は、「所説の法。デーシャナー・ダルマ」としての法身に対応している[52]。すでに第一章で見ておいたように、法身としての釈尊の永遠の現存は、初期仏典の段階から確認される仏教の伝統的考え方（釈尊の現存確認手段）である。自らも菩薩たらんとの自覚を持った者たちはこの伝統に則り、新たな釈尊のことば、〈ハタラキ〉、そして釈尊そのものとして、大乗経典を編み出したのである。

【52】本書第一章第二節「法身」の項参照。

話を元に戻そう。しかしこのこと（六波羅蜜を修習する者は誰でも菩薩であり、成仏が可能であること）は、裏を返せば、「六波羅蜜を修習しない者は菩薩ではなく、したがって成仏も不可能である」ことを意味する。これによって、従来の伝承（阿含）[53]を守って六波羅蜜を修習しない仏教徒（声聞）[54]と、師なくして独自の覚り[55]を得て利他行を実践しない仏教徒（独覚）[56]と、六波羅蜜を修習して自利行と利他行を円満しようとする仏教徒（菩薩）という、三つのありかたが存在することとなった。このありかたを「三乗」という。この三乗のうち、声聞乗と独覚乗が小乗（二乗）であり、菩薩乗が大乗に当たる。この分類に拠れば、小乗の徒は成仏できず、成仏できるのは大乗仏教徒に限られることになる。この考えを受けた『維摩経』は、小乗の徒は成仏する可能性を腐らせてしまっており（敗種）、もはや決して成仏することはできないと切り捨てるに至った。

> 完全に機根が破壊され、焼けて実を結ばない種にも等しい、この〔成仏へと向かう〕大乗においては器ではない〔阿羅漢や独覚〕たち。[57]

【53】「伝承」を意味する「アーガマ」の音写語。

【54】原語は「シュラーヴァカ」。「〔ブッダの〕声を聞いた者」の意とされる。

【55】独覚としての覚りであり、成仏を意味しない。次注参照。

【56】原語は「プラティエーカ・ブッダ」。「縁覚（えんがく）」「辟支仏（ひゃくしぶつ）」との訳語もある。独覚に関しては、詳細は現在も不明のままである。

【57】VKN 37b6.

しかし、決して成仏することのできない者を認めて、はたしてそれを「大乗（立派な乗り物）」と呼べるのであろうか。このような反省から、二乗も含めた三乗全ての徒が、等しく大乗（仏乗）というただひとつの乗り物（エーカ・ヤーナ）に乗っているとして、「一乗思想」を宣揚したのが『法華経』[58]である。以下、『法華経』の中でも一乗思想を中心に述べる第二章「方便品」[59]より引用する。

1　シャーリプトラ[60]よ、わたし（釈尊）もまた現在、如来・応供・正遍知として、多くの人々の安寧のため、多くの人々の安楽のため、世間に対する憐愍のため、神々や人間など大衆の利益のため、安寧のため、安楽のために、種々の信順の傾向（信解）を持ち、種々の素質と願いを持った衆生たちが、何を求めているかを見抜いた上で、種々のなすべきことの説示や、様々な原因や理由や譬喩や根拠やことばの解釈という巧みな手段（善巧方便）をもって教えを説いている。シャーリプトラよ、わたしもまた、ただひとつの乗物のみに関して衆生たちに教えを説くのである。すなわち、

【58】原題は『サッダルマ・プンダリーカ』。紀元一ないし二世紀に成立。経題は「白蓮華に比せられる正しい教え」あるいは「正しい人たちにとっての白蓮華に比せられる教え」の意。現存する漢訳に、西晋・竺法護訳『正法華経』十巻、後秦・鳩摩羅什訳『妙法蓮華経』七巻、隋・闍那崛多・達摩笈多訳『添品妙法蓮華経』七巻がある。

【59】原題は「ウパーヤ・カウシャルヤ・パリヴァルタ」。『法華経』前半の中心部。章題は「巧みな救済手段に関する章」の意。

【60】漢訳名は「舎利弗（しゃりほつ）」や「舎利子」。釈尊十大弟子の一人で「智慧第一」とされる。

一切智[61]たることを最終目的地とするブッダへの乗物（仏乗）である。言い換えれば、［1］如来の知見に勧め導く〈教え〉だけを衆生たちに、［2］如来の知見を示す〈教え〉だけを、［3］如来の知見に入らせる〈教え〉だけを、［4］如来の知見を覚らせる〈教え〉だけを、［5］如来の知見の道に入らせる教えだけを衆生たちに説いているのである。シャーリプトラよ、わたしのこの教えを聞く衆生たちもまた、全員が無上正等覚を獲得する者たちと成るであろう[62]。

2　シャーリプトラよ、それゆえ、このような次第であるので、次のように知るべきである。〝〈過去・未来・現在の〉十方の世間のどこにおいても、〈この、仏に成る乗り物以外の〉第二の乗物が設定されることは決してない。ましてや、第三〈の乗物〉についてはいうまでもない〟と[63]。

3　シャーリプトラよ、しかしながら、諸々の如来・応供・正遍知たちが時代の汚濁（おじょく）のあるところに出現したり、衆生の汚濁のあるところに〈出

【61】原語は「サルヴァ・ジュニャ」。「一切を智（し）る者」の意。ブッダの異称のひとつ。

【62】SP 42.12–43.2.

【63】SP 43.2–3.

現したり〕、煩悩の汚濁のあるところに〔出現したり〕、見解の汚濁のあるところに〔出現したり〕、寿命の汚濁のあるところに出現したりするときには、〔すなわち〕シャーリプトラよ、多くの衆生たちがそのような時代の混乱という汚濁にまみれ、貪欲で、善根が少ないときには、そのときにはシャーリプトラよ、諸々の如来・応供・正遍知たちはかのただひとつの仏乗を、善巧方便（巧みな救済手段）を通して、〔すなわち〕三乗の説示を通して示すのである。[64]

【64】SP 43.4-7.

4　シャーリプトラよ、わたしを信じ、信頼し、信順しなさい。シャーリプトラよ、諸々の如来には虚言は決してないからである。シャーリプトラよ、乗物はただこのひとつのみ、すなわち、〔一〕仏乗〔のみ〕なのである。[65]

【65】SP 44.3-4.

5　わたしのこの教説を聞いたこれらの者たち、彼らは導師〔である如来〕の声聞（弟子）なのであり、一偈でも聞いたり記憶（受持）したりするならば、その者たち全員が覚りへと向かっていることに疑いはない[66]。

6　乗（乗物、教え）は〔仏に成るための乗〕ただひとつであって、世間には第二〔の乗〕があることはなく、第三〔の乗〕があることも決してない。ただ、乗が別々であるように現す、人中の最高者[67]〔である如来〕たちの方便（救済手段）を除いては[68]。

7　仏智を明かすために、世間の保護者[69]〔である如来〕は世間に出現するのである。なすべきことはただひとつであって、第二のものがあることはない。諸仏は〔衆生を〕劣った乗物（小乗）によって導くことはないのである[70]。

8　塵のない卓越した覚りを得たにもかかわらず、もしもわたしがただの一人の衆生でも劣った乗物（小乗）の中に立たせるようなことがあれば、それはわたしにとってよろしくないことであり、わたしには物惜しみの罪

【66】SP 46.9–10.

【67】原語は「プルシャ・ウッタマ（プルショーッタマ）」。ブッダの異称のひとつ。

【68】SP 46.11–12.

【69】原語は「ローカ・ナータ」。ブッダの異称のひとつ。

【70】SP 46.13–14.

（慳貪罪（けんどんざい）[71]）があることになろう。〔しかしそのようなことはありえない[72]。〕
9　シャーリプトラよ、わたしは〔かつて〕次のように考えたのである。
〝世間解（せけんげ）[73]・自存者[74]（如来）たちは、三十二相[75]ある身体を持ち、自ら輝いて
いるが、一切衆生はどのようにしたらそのように成れるだろうか〟と。
わたしがかつて〔諸々の衆生を〕観察し、〔彼らを成仏させる手段につ
いて〕考え、想いを巡らしたとおりに、わたしのこの誓願は成就し〔、彼
らを成仏させるための手段が確立され〕た。しかし菩提を覚って後、わた
しは〔皆成仏できるぞという一乗説は〕説かなかったのである[76]。
10　シャーリプトラよ、もしわたしが衆生たちに〝覚りに向けて意欲を
発（おこ）せ〟と説いたならば、無知な者たち一切はそのことに対して惑乱してし
まい、わたしの善説[77]を決して受け入れはしなかっただろう[78]。
11　三乗があるように見せるのは、わたしのこのような善巧方便に他な

【71】原語は「マーツサルヤ・ドーシャ」。

【72】SP 47.3-4.

【73】原語は「ローカ・ヴィド」。「世間〔の衆生〕を知る者」の意。如来の十号のひとつ。

【74】原語は「スヴァヤン・ブー」。「単独で存在しうる者」の意。ブッダの異称のひとつ。

【75】ブッダと転輪聖王がそなえる、三十二の勝れた身体的特徴。本章注【36】参照。ただし、『法華経』の第十四章「従地涌出品」においては、釈尊が永年にわたって教化してきた、地より涌き出た菩薩（地涌の菩薩）たちも、そして第二十章「如来神力品」においては、釈尊と多宝（プラブータ・ラトナ）如来の舌根より放たれた光線より化作された菩薩たちも、三十二相をそなえるとされる。

【76】SP 47.9-12.

【77】原語は「ス・バーシタ」。初期仏教以来、釈尊の教説は

らない。しかし実には乗はひとつ、道理もひとつ、導師たち（諸仏）の説法もひとつなのである。[79]

12　この場にいる誰であれ、このことについて疑念があるならば、その者は疑念や疑いを取り除きなさい。世間の導師（如来）たちは真実に違うことを説くことはない。〔真実には〕乗はこのひとつであり、第二のものはないのである。[80]

13　彼ら〔諸仏〕は全て一乗を開示したのであり、思議を超えた幾千コーティ[81]もの生命あるものたちを一乗に入らしめ、一乗の中で成熟させるのである。[82]

14　彼ら〔諸仏〕の法（教え）を聞いて、ブッダと成らないような衆生は、いかなる時もただの一人としていない。なぜならば、〝わたしは〔自らが〕覚りへ向けて修行した後に、〔他の者をも覚りへ向けて〕修行させ

「善説」であるとされてきた。

【78】SP 47.13–14.

【79】SP 48.13–14.

【80】SP 49.1–2.

【81】「コーティー」ともいう。数の単位で一千万を表す。漢訳には「億」とするものもある。

【82】SP 49.7–8.

よう〟ということが、諸々の如来の〔共通の〕誓願だからである。[83]

15 〔諸々の如来は〕未来世に幾千コーティもの数多の法門を説示するであろうが、実は〔仏智を得た〕如来の側から見れば、この一乗を開顕しながら〔種々の〕教えを説いているのである。[84]

16 この〔一乗という〕法の道理は常に確定しており、諸法〔諸々の教え〕の本性〔であるこの一乗の道理〕は常に光り輝いている。両足尊[85]である〔未来世の〕諸仏は〔そのことを〕知っており、〔わたしと同じように〕この一乗を説示するであろう。[86]

17 〝この〔一乗という〕法の安住性と法の決定性は、〔一切〕世間においてゆるぎなきものとして常に確定している〟という覚りを、地上の〔菩提〕座において覚った〔未来世の諸仏〕は、巧みな救済手段（方便）〔としての三乗〕を開顕するであろう。[87]

【83】 SP 53.3–4.

【84】 SP 53.5–6.

【85】 原語は「ドゥヴィパダ・ウッタマ（ドゥヴィパドーッタマ）」。「二足歩行者の中の最上者」の意。ブッダの異称のひとつ。

【86】 SP 53.7–8.

【87】 SP 53.9–10.

18　この最上の寂静の境地を覚った〔諸仏〕は、〔数多の〕善巧方便を示して種々の乗物（教え）を開顕するが、〔彼らは実は〕一乗を説き明かしているのである。[88]

19　〔しかるに〕諸々の過去仏たち、および彼らの善巧方便がどのようなものであったかをしっかりと想い起こして、〔わたしは思い直した。〕〝〔過去仏の善巧方便に倣い、〕わたしもまたこのブッダの覚り〔である一乗〕を、この世では三種に分けて開顕してはどうだろうか〟と。[89]

20　われわれ（現在他方の諸仏たち）もまた最上の境地を覚った後に、〔その境地を〕三種に分けて開顕したのである。なぜならば、劣った信順の傾向（信解）を持つ無知な者たちは、〝お前たちはブッダに成れるのだよ〟ということ（成仏の授記）を信じられないからである。[90]

【88】 *SP* 53.13–14.

【89】 *SP* 55.9–10.

【90】 *SP* 56.1–2.

21　〔シャーリプトラよ、〕このようなブッダの息子（菩薩）たち〔がここにいること〕を見て、そなたの疑念も晴れたであろう。そしてここにいる〔そなたたち〕煩悩を尽くした千二百人の〔すでに阿羅漢果を得た〕者たちも、全員がこの世間においてブッダと成れるのである。[91]

22　〔シャーリプトラよ、そなたは〕このことに関して疑惑や疑念を捨て去りなさい。わたしは〔一切衆生を〕最上の覚りに向けて教化するのであって、わたしには〔阿羅漢が最終目的地で、成仏の道が閉ざされたような〕声聞（弟子）たちはこの場に一人もいないと、法王[92]であるわたしは宣言する。[93]

23　それゆえ、諸々のブッダ・世間の師・救世者たちの、〔一切衆生を成仏させるという〕意図を含んだ言説を了知し、疑惑を捨て、疑念を払いなさい。〔阿羅漢果を得た〕そなたたち〔であっても、実〕はブッダに成れるのだぞ。歓喜せよ。[94]

【91】SP 57.11–12.

【92】原語は「ダルマ・ラージャ」。ブッダの異称のひとつ。

【93】SP 58.7–8.

【94】SP 59.5–6.

【95】原題は『シュリーマーラー・デーヴィー・シンハナーダ・スートラ』。紀元五世紀前

特に「21」や「23」に明らかなように、『法華経』の中で釈尊は、阿羅漢果を得た直弟子（声聞）たちに成仏の授記を与えている。この授記は、彼ら声聞たちもまた菩薩であり、将来の成仏が確定した者たちであることの何よりの証なのである。そして、この『法華経』の「一切衆生は例外なく成仏できる」という一乗思想は、如来蔵思想に基礎を提供している。実際、インド如来蔵思想の集大成たる論書『宝性論』と、『宝性論』の形成に多大な寄与をした『勝鬘経』[95]の漢訳名は、それぞれ、『究竟一乗宝性論』と『勝鬘師子吼一乗大方便方広経』[96]というのである。

（三）『華厳経』「如来性起品」——仏智の滲透

『華厳経』[97]「如来性起品」[98]は、〈如来出現＝法身顕現〉の意義を十相にわたって説く経典であり、その第四相第十喩（三千大千世界[99]を一微塵に含む）に「一切衆生への仏智の遍在」が説かれており、これも、「一切衆生への如来の内在」

半までには成立。経題は「シュリーマーラー夫人の獅子吼に関する経典」の意。本書第一章第一節『勝鬘経』の項参照。

【96】求那跋陀羅訳による。菩提流支訳は『大宝積経』所収の「勝鬘夫人会」。

【97】原題は『ブッダ・アヴァタンサカ（ブッダーヴァタンサカ）』。本書序章の注【6】参照。経題は「ブッダの華飾り」の意。

【98】原題は「タターガタ・ウトパッティ・サンバヴァ・ニルデーシャ（タターガトートパッティ・サンバヴァ・ニルデーシャ）」。五世紀前半までに成立。章題は「如来の生起に関する説示」の意。

【99】一人のブッダの教化範囲。スメール（本章注【102】参照）を中心とする世界を「一世界」とし、それが一千個集まったものが「小千世界」、それが一千個集まったものが「中千世界」、さらにそれが一千個集まったものが「（三千）大千世界」である。

を説く如来蔵思想にとって、重要なソースのひとつになったと考えられている。

どんな衆生でも、衆生たちの内で、そこに如来の智が遍く滲透していないものは一人もいない。それにもかかわらず、想念にとらわれているので、如来の智に気づかない。しかし、想念のとらわれから解脱するならば、一切智の智、自存者（如来）の智が垢れに付着されずに顕れ出るであろう。

おお、仏子よ、たとえば、三千大千世界ほどの大きさの大きな画布があるとしよう。そして、その同じ画布に、三千大千世界が、全て残りなく画かれているとしよう。〔大鉄囲山（だいてっちせん）[100]の大きさで大鉄囲山が画かれ、〕大地の大きさで大地が〔画かれ〕、二千（中千）世界の大きさで二千世界が〔画かれ〕、一千（小千）世界の大きさで一千世界が〔画かれ〕、四大洲[101]の大きさで四大洲が〔画かれ〕、大海の大きさで大海が〔画かれ〕、〔南の〕ジャンブー洲（閻浮提（えんぶだい））の大きさで〔南の〕ジャンブー洲が〔画かれ〕、東のヴィデーハ洲の大きさで東のヴィデーハ洲が〔画かれ〕、〔西の〕ゴーダーニーヤ洲の大きさで〔西の〕ゴーダーニーヤ洲が〔画かれ〕、北のクル洲の

【100】仏教の宇宙観・世界観において、三千大千世界を囲む山のこと。

【101】以下に述べられる、南・ジャンブー洲、東・ヴィデーハ洲、西・ゴーダーニーヤ洲、北・クル洲のこと。

大きさで北のクル洲が〔画かれ〕、スメール（須弥山(しゅみせん)）【102】の大きさでスメールの山々が〔画かれ〕、地界にある神々の宮殿の大きさで地界天宮が〔画かれ〕、欲界【103】天宮の大きさで欲界天宮が〔画かれ〕、色界【104】天宮の大きさで色界天宮が〔画かれている〕。そして、この大画布は、三千大千世界の広さ〔と同じ〕広大な量を持っているとしよう。

さてまた、この同じ画布が、ひとつの極微量(ごくみりょう)の粒子の中に収まっているとしよう。あるひとつの極微量の粒子の中に収まっているごとく、その他の全ての極微量の粒子の中に、その同じ大きさの大画布が、内に入り込んでいるとしよう。

さてそのとき、一人の男が〈出現〉した。その男は、学識があり、賢く、聡明で知性があり、そこに近づく〔適切な〕術(すべ)を心得ていた。そして、彼の天眼(てんげん)【105】は、完全に浄らかで、明るく輝いていたとしよう。彼はその天眼で〔次のように〕観察した。「こんなに大きな画布が、この全く小さな極微量の粒子の中に収まっている。〔これでは〕衆生のただ一人のためにすら、役立たない。」

【102】仏教の宇宙観・世界観において、世界の中心に聳える山のこと。

【103】原語は「カーマ・ダートゥ」。輪廻する衆生の世界（三界＝欲界・色界・無色界）のうち、欲望（婬欲・食欲）に支配されている最下層の世界。

【104】原語は「ルーパ・ダートゥ」。輪廻する衆生の世界（三界＝欲界・色界・無色界）のうち、物質的な制約は残しているものの、婬欲と食欲を離れた二番目の世界。

【105】原語は「ディヴヤ・チャクシュス」。超人的な視力・洞察力のこと。

〔そこで〕彼はこう考えた。「よし、私が、大精進[106]の力と勢いで、この極微量の粒子を打ち砕いて、この大画布を全ての世間の人たちの役に立たせてあげよう。」

彼は、大精進の力と勢いで、微細な金剛石をもって、その極微量の粒子を打ち砕き、望み通りに、その大画布を全世間の役に立つようにした。ひとつの〔粒子〕から〔大画布を取り出したの〕と同じように、残り全ての極微量〔の粒子〕からも〔大画布を取り出したとしよう〕。

おお、仏子よ、それと全く同じように、如来の智、無量の智、一切衆生を利益する智は、全ての衆生の身（心相続[107]）の中に例外なく滲透している。そして、全てのこれら衆生の身もまた、如来の智と同じ大きさを持っている。しかし、想念にとらわれた凡夫たちは、〔その内なる〕如来の智を知らず、認めず、感知せず、顕し出さないでいる。そこで如来は、汚れなき如来の智をもって、一切の法界[108]中にある衆生たちの住居を観察して、奇特の想いを抱いた。

「おお、何と、これら衆生たちは、ありのままに如来の智を知らない。

【106】原語は「マハー・ヴィーリヤ」。大いなる努力のこと。

【107】原語は「チッタ・サンターナ」。われわれの存在・身体は、瞬間瞬間（刹那。クシャナ）に生滅をくりかえす心の連続であるということ。

【108】原語は「ダルマ・ダートゥ」。「意識の対象」、「一切存在」、「真理の領域」など多義を持つ。

如来の智が、〔その身に〕滲み込んでいるというのに。よし、私は、これらの衆生たちのために、聖道(しょうどう)（八正道(はっしょうどう)）【109】の説示によって、あらゆる想念によって作られた束縛を取り除いてあげよう。〔彼らが〕自らすすんで聖道の力で、大きな想念の束縛を取り除いて、如来の智を自覚し、そして、如来との平等性を体得するように。」

〔この如来のことば通り〕彼ら〔衆生たち〕は如来の〔聖〕道の説示によって、あらゆる想念によって作られた束縛を除去する。そして、一切の想念によって作られた束縛が取り除かれた暁に、その〔衆生の内なる〕如来の無量の智は、全世間に役立つものとなるのである【110】。

この「一切衆生への仏智の内在」は、『宝性論』においては「如来蔵の三種の自性の第一」である〈法身遍満の義〉として定式化されることになる【111】。

【109】正見（正しい見解）、正思（正しい意業）、正語（正しい口業）、正業（正しい身業）、正命（正しい生活）、正精進（正しい努力）、正念（正しい注意力）、正定（正しい精神統一）。

【110】*RGV* 22.10–24.8、高崎[1989: 39–41]。

【111】本書第四章第一節参照。

第三章　如来蔵思想の誕生

（一）『大乗涅槃経』における如来蔵の宣言

如来蔵思想を創唱したと見なされている『大乗涅槃経』（以下、『涅槃経（ねはんぎょう）』）[1]は、その成立に関して、前半（第一類）と後半（第二類）に分けられる。[2]『涅槃経』第一類の主題は「如来常住」である。『涅槃経』第一類は、主題である如来の常住性・自在性を表現するために、それまで仏教ではタブーとされてきたアートマン（我）[3]の「常住・自在」という属性を借用し、如来はアートマンであると宣言した。

【1】『大般涅槃大経』。原題は『マハー・パリニルヴァーナ・マハースートラ』。本書序章注【3】参照。経題は「苦の終滅に関する詳細な大経」の意。

【2】下田［1997］。ただし、曇無讖訳（四十巻）の場合、第十巻相当部までに限る。なお、本節の記述は本書第一章第一節の『涅槃経』の項と一部重複している。

【3】それまで仏教は「諸法無我」を標榜してきたといわれる。このことについては、本書第一章第二節「我（アートマン）」の項参照。

アートマン（我）というのはブッダという意味である。常住（常）というのは法身の意味である。安楽（楽）というのは涅槃の意味である。清浄（浄）というのは法の別名である。[4]

従来、常・楽・我・浄は「四顚倒」と呼ばれ、仏教における代表的な誤謬・邪見であるとされてきた。ところが『涅槃経』はこの〈世間的四顚倒〉に対して〈出世間的四不顚倒〉を「四徳」として説き、法身・涅槃・如来・法という出世間的価値に対して、常・楽・我・浄を肯定的に適用するようになった。アートマンである如来は法よりなる常住な身体を有し（法身）、無為[5]・清浄であるのに対し、衆生は無常・有為・不浄であって、両者の間は隔絶している。そしてその隔絶を埋めるべく、衆生の側には完成者・救済者である如来へと向かう強い宗教的情熱が喚起されることになる。『涅槃経』第一類のトレーガー（編纂者・支持者）は自らを法師[6]と称し、組織化された教団を持たず、ヒンドゥー社会のタブー[7]に対しても配慮しない。布施[8]を重んじ三昧[9]には無関心である。この第一類という段階でいったん『涅槃経』の編纂は終了した。

【4】『涅槃経』（mDo, Tu 32b4–5）。

【5】「アサンスクリタ」。原因や条件によって作られたものでない、不生不滅の存在であること。

【6】原語は「ダルマ・カティカ」や「ダルマ・バーナカ」。「教えを説く者」の意。

【7】たとえば、肉食（にくじき）を不浄として忌避するなど。

【8】原語は「ダーナ」。財施・法施・無畏施の三種があるとされ、財施は在家者の代表的な修行。

【9】原語は「サマーディ」。瞑想のこと。出家者の代表的な修行。

さて、主に『大雲経(だいうんきょう)』【10】と大衆部(だいしゅぶ)【11】の影響のもと（ただし『大雲経』自体がすでに大衆部を背景にしていた可能性も示唆される）、『涅槃経』は再び第二類へと向けて動き出す。第二類の最初に位置する「四法品第八」のトレーガーには、『大雲経』のトレーガーとの共通点が多く看取できる。しかし一方では、後者が三昧を修習する菩薩たちの個人的紐帯の元にあったのに対し、前者はヒンドゥー社会のタブーを考慮し組織化された教団へと向かう指向性を有している点で、両者には相容れない面も見られる。

「四法品第八」に見られる断肉【12】、世間随順【13】を通じての如来と菩薩の重ね合わせ、三昧の重視、如来・解脱の実在（不空）の主張、トレーガーが法師ではなく菩薩であること、これらは全て『大雲経』の段階で用意されていたものである。ただし、断肉では、『大雲経』が三昧を修する菩薩に関する限定的断肉であったのに対し、「四法品第八」ではヒンドゥー社会のタブーを考慮した全面的断肉となった。如来・解脱に関しては、常住・自在・実在に加えて新たに「有色(うしき)（姿かたちがある）」という概念が追加された。これもアートマンの属性が仏教側のコンテクストを揺り動かし働きかけたものである。

【10】原題は『マハー・メーガ・スートラ』。『涅槃経』第一類の影響下に編纂された、如来常住を主題とする大乗経典。仏教史上初めて、仏塔信仰からの完全な脱却を表明した。本書第一章第一節『大雲経』の項参照。

【11】仏滅後百年頃に起こった部派の分裂（根本分裂）において、仏教僧団（サンガ）は保守的な上座部（スタヴィラ・ヴァーダ）と進歩的な大衆部（マハーサーンギカ）に分かれたとされる。

【12】肉食の禁止。

【13】如来や菩薩などが、究極的真理の立場からはそうではないものの、世間の衆生を救うためあえて違った姿・行動を示現すること。原語は「ローカ・アヌヴァルタナー（ローカーヌヴァルタナー）」。

「四法品第八」における最も重要な展開は、如来蔵思想を創唱したことである。『涅槃経』における如来蔵（タターガタ・ガルバ）・仏性（ブッダ・ダートゥ）は個々人に内化された仏塔・ブッダの遺骨（ブッダ・ダートゥ）であり、隔絶した如来と衆生の距離を埋めていくものである。同時に、アートマンの属性が、ここでは「内在性」として働きかけていたのである。

> アートマン（我）というのは如来蔵という意味である。[14]

> 唯一のものに帰依しなさい。（中略）ブッダこそがダルマでもありサンガでもあり[15]、如来だけで三宝[16]なのである。（中略）自らがブッダに帰依して一身となるべきである。それからブッダそのものに成って如来の業をなすがよい。如来と等しくなって後は、諸仏に礼拝する必要はない。自らが一切衆生の大きな帰依所のようになるべき〔だから〕である。自らは法身を捨てることなく、〔自らの内なる〕仏性（ブッダの本質、ブッダの遺骨）と、〔仏性（＝ブッダの遺骨）を内に抱え込む、自らの身体という色身のブ

【14】『涅槃経』(mDo, Tu 105b5)。

【15】次注参照。

【16】仏教が成立・存続するための、欠くべからざる三つの宝。仏（ブッダ。覚りを得た聖者）・法（ダルマ。教え）・僧（サンガ。仏と法を信奉する人々の集団）のこと。

ッダたる〕仏塔に敬礼しなさい。敬礼することを望まない一切衆生にとって、自分自身が仏塔のようになるべきである。自らの身体が一切衆生の敬礼の拠り所となるべきである。【17】

仏塔信仰の脈絡では、ブッダの遺骨（ブッダ・ダートゥ）はブッダの本質（ブッダ・ダートゥ、仏性）であって、ブッダそのものである。『涅槃経』は、アートマン（我）たるブッダ・ダートゥを、『大雲経』における「如来と菩薩の重ね合わせ」、および、アートマンが元来有する「内在性」という属性によって一切衆生に「仏性」として内在させ、一切衆生を仏塔化（ブッダ化）したのである。

一切衆生には仏性（ブッダ・ダートゥ）がある（一切衆生悉有仏性【18】）。

【17】『涅槃経』（mDo. Tu 111a1–6）。

【18】『涅槃経』（mDo. Tu 99a6）。ただし、『涅槃経』における「一切衆生」には、「『涅槃経』を信受する一切衆生」という限定が付されている。

（二）『如来蔵経』における如来蔵の受容

『涅槃経』における如来蔵思想の誕生を受けて、これを主題としてコンパクトに提示したのが『如来蔵経』である。その説相は、長大で冗長ともいえる『涅槃経』とは好対照をなしている。

釈尊による蓮華の奇瑞

舞台はマガダ国の首府王舎城にある霊鷲山（りょうじゅせん）[19]である。並み居る会衆を前に釈尊が禅定に入ると、幾百千コーティ[20]もの蓮華が空中に出現する。そしてそれらの蓮華のひとつひとつには、小さな如来が端坐していた。すると、今度はそれまできれいに咲いていた蓮華がいっせいに萎み、悪臭を放つようになってしまう。ところが、端坐している如来たちは汚されることなく、光り輝いていた。

ヴァジュラマティ菩薩の質問

【19】原語は「グリドラクータ・パルヴァタ」。「鷲の形をした峰を持つ山」の意。コーサラ国の首府舎衛城にあった祇園精舎と並び、釈尊がたびたび説法を行った場所のひとつ。『法華経』や『無量寿経』も、この山で説かれたとされる。

【20】「コーティー」ともいう。数の単位で一千万を表す。漢訳では「億」とも訳出される。

この奇瑞を受けて、会衆の一人であるヴァジュラマティ（金剛慧）菩薩が釈尊に質問する。[21]

千コーティもの諸仏が動くことなく、蓮華の中に端坐している。そのような奇瑞をあなたさま（世尊）は示現された。私がいまだかつて見たこともないような。

幾千の光明を放ちつつ、この仏国土をあまねく覆い、奇特なる法〔の世界〕に自在に活躍する、〔世の〕導師〔たる仏〕たちに妨げはない。

花弁や雄蕊が萎え、色あせた蓮華の中に、彼ら〔諸仏〕は宝のごとく端坐している。何のために〔世尊は〕これらの奇瑞を示現されるのか。

私はガンジス河の砂ほどに多くの仏を見、その勝れた奇瑞をも見てきた。けれども、今示現されているような奇瑞、このようなありさまはいまだかつて見たこともない。

人中の最勝者〔たる世尊〕に教えていただきたい。〔この奇瑞の〕直接的な原因（因）と間接的な条件（縁）が何かを説明していただきたい。世

【21】引用は偈文（偈頌。本章注【25】参照）による。なお、『如来蔵経』よりの和訳は高崎［2004］および高崎［1989］に拠る。

問を利益する方よ、哀愍（あいみん）を垂れたまえ。全ての衆生の疑念を晴らしたまえ。[22]

質問を受けて釈尊はその意味を説明し、そして如来蔵思想についての重要な提言を行う。

『如来蔵経』における九喩

I　蓮華中の仏／蓮華の中の諸仏の喩え[23]

善男子よ、これが諸法についてのきまりごと（法性（ほっしょう））である。諸々の如来が世に出現しても、出現しなくても、常に、これら衆生たちは、内に〔完全な〕如来を宿すもの（如来蔵を有するもの）たちである。[24]

そして釈尊は偈頌（げじゅ）[25]を説いた。

たとえば、〝なえ萎びた蓮華の、その花弁がまだ覆いとなって離れないのに、如来の〔坐す〕萼（うてな）は汚されていない〟と一人の男が天眼をもって見

【22】『如来蔵経』（mDo, Zhu 261b7–262a3）、高崎［2004: 15–16］。

【23】譬喩の名称は高崎［1989］と高崎［2004］に拠る。なお、この一番目の譬喩「I 蓮華中の仏」は、後代の付加であることが示されている（ツィンマーマン［2002］）。

【24】『如来蔵経』（mDo, Zhu 263a1–2; *RGV* 73.11–12）、高崎［1989: 129］。

【25】原語は「ガーター」。一定のリズムを持った韻文・詩頌のこと。

るとしよう。

その人はその花弁を開いて、その中にジナ[26]（如来）の身を見いだす。〔内なる〕如来は煩悩によって変化せず、彼はあまねき世間のジナと成る。

それと同じく、わたし（釈尊）も全ての衆生の、その〔身体の〕中に安住するジナの身が、あたかも蓮華の花弁のような、幾コーティの煩悩に覆われているのを見る。

そしてわたしはそれら〔煩悩〕の除去のため、智者（菩薩）たちに常に法（教え）を説き、これらの衆生は仏に成るはずであると、ジナに成ることを目指して〔彼らの〕煩悩を浄化する。

わたしの仏眼はかくのごとくであって、その〔仏眼〕でこれらの衆生が悉く、ジナの身として確立するのを見透して、彼らを浄化すべく法を説くのである。[27]

【26】ブッダの異称のひとつ。意味は「勝者」。

【27】『如来蔵経』（mDo, Zhu 263a6–b2）、高崎［2004: 19］。

II　衆蜂と蜜／群蜂に囲まれた蜂蜜

釈尊は「衆蜂と蜜」の譬喩を述べた後、重ねて偈頌（重頌）を説いた。

たとえばここに蜜房があって、蜜蜂どもに守られ、隠されているとしよう。蜜を欲する人がそれを見て、その蜂どもを追い払うように、それと同様に、ここでも蜜房に似ているのが、三界[28]にある全ての衆生たちである。彼らには幾コーティもの煩悩があるが、それら煩悩の〔覆いの〕内に如来があるのを見て、わたし（釈尊）もまた〔彼らの内なる〕仏を浄めるべく、蜂を追い払うように煩悩を除去する。なにゆえに幾コーティもの煩悩でそこなわれていると、ここに方便（手段、方策）を巡らして諸法を説くのか。〔それは〕彼らが如来と成った暁に、あまねく世間のために常にはたらき、弁舌をもって蜂蜜の容器のような法を説くべきだからである。[29]

Ⅲ　籾の中の穀物／皮殻に覆われた穀物

釈尊は「籾の中の穀物」の譬喩を述べた後、重ねて偈頌を説いた。

【28】欲界（カーマ・ダートゥ。欲望に満ちた世界）、色界（ルーパ・ダートゥ。欲望は無くなったが、まだ肉体が残っている世界）、無色界（アーループヤ・ダートゥ。ただ精神のみよりなる世界）。輪廻する世界の総体。

【29】『如来蔵経』（mDo, Zhu 264a2–5）、高崎［2004: 20–21］。

たとえば雑穀類や稲の実であれ、稗であれ、あるいは大麦であれ、それらが皮殻をつけているかぎり、そのかぎりでは〔食〕用をなさない。それらは搗いて皮殻を取り除けば、種々の多くの用を果たす。皮殻をつけたままのそれらの実は、衆生たちのために用を果たすことはない。

それと同様に、全ての衆生の〔持つ〕仏の本質（仏地）は、諸煩悩で覆われていると観察して、わたし（釈尊）はそれを浄化し、〔彼らが〕仏〔位〕に速やかに到達するように法を説く。

全ての衆生にはわたしと似た本性が、〔幾〕百の煩悩の中に隠されてある。それを浄化して皆が同様に、速やかにジナ（如来）と成るべく〔わたしは〕法を説くのである。[30]

【30】『如来蔵経』（mDo, Zhu 264b2–5）、高崎［2004: 22］。

Ⅳ　汚物中に落ちた金／不浄所に落ちた真金

釈尊は「汚物中に落ちた金」の譬喩を述べた後、重ねて偈頌を説いた。

たとえば、ある人の所有する金塊が、ごみのたぐいのあいだに落ちたとき、それはそこに少なからぬ年月にわたってそのままあったとしても、不壊の性質を有している。

神が天眼でそれを見て、浄めるために他の人に告げる。「ここに勝れた宝である金がある。浄化されれば役に立つであろう」と。

それと同様に、わたし（釈尊）は全ての衆生もまた、久しく常に煩悩に圧迫されているのを見て、彼らには煩悩が一時的に（客塵として）付着しているのだと知り、その本性を浄めるように方便をもって法を説くのである[31]。

【31】『如来蔵経』（mDo, Zhu 265a4–6）、高崎［2004: 24］。

V　地中の宝蔵／貧家の地下にある宝蔵

釈尊は「地中の宝蔵」の譬喩を述べた後、重ねて偈頌を説いた。

たとえば、貧乏人の家の地下に、宝物や金に満ちた宝蔵がある。それには動きも自慢する心もないので、「私はあなたのものです」とも言わない。

そのとき、かの家主である衆生は、貧乏になっても〔その宝蔵に〕気づかず、だれもそれについて知らせなかったので、その貧乏人は〔そのまま〕その上に住み続けたとしよう。

それと同様に、わたし（釈尊）は仏眼をもって、貧乏人にも似た全ての衆生たち、彼らには大宝蔵があり、動くことなき善逝（ぜんぜい）[32]（如来）の身があると見る。

それを見てわたしは菩薩に向かい、「そなたはわたしの智慧の宝蔵を持つからには、貧しいことはなく世間の主となり、無上の法の宝蔵となりなさい」と説く。

だれであれわたしの所説に心を傾けるものたち、それらの衆生には全て宝蔵がある。だれであれ〔それを〕信じて自ら努力すれば、その人は速やかに最勝の菩提を得るであろう[33]。

【32】如来の十号のひとつ。原語は「ス・ガタ」。意味は「善く〔覚り・彼岸に〕到達した者」。

【33】『如来蔵経』(mDo. Zhu 265b8-266a4)、高崎［2004: 26］。

VI　果実中の芽／樹木の種子

釈尊は「果実中の芽」の譬喩を述べた後、重ねて偈頌を説いた。

たとえば、松の実は全て、その内に松の胚芽がある。ターラ樹（椰子）、ジャンブ樹（閻浮、蒲桃）〔など〕全てにも〔同様に〕あって、内なる果が植えられれば〔芽が〕生えてくる。

それと同様に、法を自在に支配するもの、世の導師〔であるわたし〕もまた、松の種に比すべき一切の衆生たち、彼ら全ての中に善逝（如来）の身があると　汚れなき最勝の如来の眼をもって観察する。

かの不壊の庫蔵は衆生と呼ばれる。無知のうちに住していても、慢心なく三昧を得て安定し、やがて寂静となる。そこで動くものは何ひとつない。あたかも大きな幹も種子より生まれるように、これら衆生たちも、どうすれば目覚め、神々を含めた世間の救護者（如来）と成るかと〔わたしは考え〕、〔彼らを〕浄めるために教えを説くのである。[34]

VII　弊衣中の仏像／ぼろきれにくるまれ、道に捨てられた仏像

釈尊は「弊衣中の仏像」の譬喩を述べた後、重ねて偈頌を説いた。

【34】『如来蔵経』(mDo. Zhu 266b3-6)、高崎 [2004: 28]。

たとえば、鼻につく悪臭に包まれた、宝石で作られた善逝（如来）の像が、幾重にもぼろきれ（弊衣）を巻かれて、道の途中に捨てられ放置されていたとしよう。

神は天眼をもってそれを見て、他の人に告げる。「これは宝石でできた如来〔の像〕である。幾重にもくるんでいるこのぼろきれを速やかに開け」と。

それと同様に、わたし（釈尊）の天眼はこれに似ていて、その眼で、この全ての衆生もまた、煩悩の覆いに纏われてひどく苦悩し、輪廻[35]の苦しみに常に苛まれているのを見る。

わたしはまた、煩悩という覆いの内部で、ジナ（如来）の身が禅定に入り、動くこともなく変わることもないのに、だれもそれを解放してやらないのを見る。

わたしはそれを見て勧告する。「聞け、最勝の覚りに〔向かって〕あるものたちよ。衆生たちの本性（法性）は常にこのようである。ここに〔煩悩というぼろきれに〕くるまれたジナがいる」と。

【35】原語は「サンサーラ」。意思作用あるもの（サットヴァ。衆生）が無限の生死（しょうじ）を繰り返している状態。

善逝〔であるわたし〕によって智慧を開発(かいほつ)されて、全ての煩悩が鎮まったとき、そのときこ〔の衆生〕は〔成仏して〕仏としての名を得、神々や人々は歓喜する。[36]

【36】『如来蔵経』(mDo, Zhu 267a7–b4)、高崎[2004: 29–30]。

Ⅷ 貧女胎中の王子／貧女が転輪王子を懐胎する譬喩

釈尊は「貧女胎中の王子」の譬喩を述べた後、重ねて偈頌を説いた。

たとえば、身寄りのなくなった、顔色悪く姿醜い愚かな一人の女が、救貧院に住んでいて、時あってそこで懐妊したとしよう。

彼女の胎内には必ずや、大転輪聖王(てんりんじょうおう)として、多くの宝をそなえて威徳すぐれ、四大洲の主たるべきものが宿っている。

愚かなその女はこのように、〔未来の大王が〕胎中にありとも否とも知らず、救貧院に住みながら、貧しいと思い続けて日を送っている。

それと同様に、わたし(釈尊)は全ての衆生もまた、身寄りなくして苦〔を与える諸煩悩〕に逼迫され、三界のわずかな楽しみに安住しているが、その内部に本質として〔如来の〕本性（法性）があるのを見る。

そのようなさまを見て菩薩に向かい、「世の中に役立つものが胎中にあるのに、全ての衆生は本性を知らずにいるゆえに、自分は劣っているとの思いを抱いてはならない」と説く。

そなたたちはしっかり精進努力せよ。そうすれば自らの身は久しからずしてジナ（如来）と成るであろう。時あって菩提の座を獲得して後、幾千コーティの衆生を解脱させるであろう。[37]

【37】『如来蔵経』（mDo, Zhu 268a4-b1）、高崎［2004: 32］。

IX　泥模（でいも）中の金像／鋳型（いがた）の中の真金像

釈尊は「泥模中の金像」の譬喩を述べた後、重ねて偈頌を説いた。

たとえば、形像（ぎょうぞう）は外側を鋳型で覆われ、中に空間があって何もないところに、〔金などの〕宝が〔溶かされ〕一杯に埋まると、幾百、幾千となくできあがる。

工匠はよく冷却したのを知って、この宝でできたものをこのように、清浄な像とするのにどのような作業をなすべきかを考えて、形像を覆っている鋳型を壊す。

それと同様に、わたし（釈尊）は一切衆生もまた、金像が鋳型に隠されているように、外には皮のような煩悩の覆いがあるが、内には仏の智慧があると見る。

その〔衆生たちの〕うち菩薩であるものは、〔煩悩が〕鎮まって清涼（しょうりょう）となったものたちで、彼らはそれら煩悩を残りなく除き、法（教え）という道具をもってそれ（煩悩）を打ち砕く。

宝像が見て麗しいように、ここに清浄となったジナ（如来）の子はだれであれ、十力[38]などをもって身体を満たし、神々を含めた世間において供養される。

わたしは一切衆生をそのように見、わたしは菩薩をそのように見る。〔彼ら菩薩は〕かくて清浄となり善逝（如来）と成る。〔そしてその〕善逝たちは仏眼を示現する。[39]

【38】ブッダ如来に特有の十種の力。一、道理と非道理を弁別する力（処非処智力）。二、それぞれの業とその果報を知る力（業異熟智力）。三、諸々の禅定を知る力（静慮解脱等持等至智力）。四、衆生の機根（能力）の優劣を知る力（根上下智力）。五、衆生の種々の望みを知る力（種種勝解智力）。六、衆生の種々の本性を知る力（種種界智力）。七、衆生が地獄や、人天、涅槃など種々に赴くことになるその行因を知る力（遍趣行智力）。八、自他の過去世を思い起こす力（宿住随念智力）。九、衆生がこの世で死に、かの世に生まれることを知る力（死生智力）。十、煩悩を断じた境地とそこに至る方途を知る力（漏尽智力）。

【39】『如来蔵経』（mDo. Zhu 269a2-7）、高崎［2004: 34］。

『如来蔵経』はこのように、九つの譬喩をもって「一切衆生が如来蔵」であることを提示した小部の経典であり、その如来蔵が何であるか、そして煩悩との関係はどうであるのかは、ほとんど記述されていない。その仕事は後続する『不増不減経』や『勝鬘経』へと引き継がれていくのである。

第四章　『宝性論』より見る如来蔵思想

（一）如来蔵の三義——法身遍満・真如無差別・種姓存在

『宝性論』[1]は、如来蔵思想をインドの文脈で考察しようとする際に、必ず参照しなければならない最重要の論書と考えられてきた。その最大の理由は、『宝性論』はその全文がサンスクリット（梵文）で伝えられているからである。[2]漢訳者勒那摩提（ラトナマティ）による漢訳『究竟一乗宝性論』四巻の成立年代（六世紀初頭）から考えて、『宝性論』の原典は五世紀終わりには成立していたと考えられている。作者は、中国の伝承では堅慧（サーラマティ）、チベットの伝承では偈頌が弥勒[3]（マイトレーヤ、二七〇～三五〇頃、あるいは三五〇～四

【1】原題は『ラトナ・ゴートラ・ヴィバーガ・マハーヤーナ・ウッタラタントラ・シャーストラ（ラトナ・ゴートラ・ヴィバーガ・マハーヤーノーッタラタントラ・シャーストラ）』。意味は「宝を生み出す種姓の分析・大乗における究極の論書」。

【2】本書序章第二節参照。

【3】中観派と並ぶインド大乗仏教二大学派のひとつである瑜伽行派の学匠で、無著の師といわれる。未来仏としての弥勒菩薩とは区別される。

三〇頃）、注釈が無著（アサンガ、三九五〜四七〇頃）であるという。

『宝性論』の梵文テクストは、

第一章「如来蔵」
第二章「菩提」
第三章「仏徳」
第四章「仏業」
第五章「功徳」

の全五章構成であり、第一章「如来蔵」だけで全体の三分の二を占めている。そのため、この長部の第一章を七品に分割する漢訳の分類に従うのが便利である。それによると第一章「如来蔵」は、

教化品第一
仏宝品第二
法宝品第三
僧宝品第四
一切衆生有如来蔵品第五

無量煩悩所纏品第六
為何義説品第七

に分割される。このうち、「一切衆生は如来蔵である」という如来蔵思想の基本命題は、「一切衆生有如来蔵品第五」の冒頭においてなされている。

衆生聚[4]には仏智が滲透しているから、
その〔衆生聚の〕無垢なることが、本来、〔仏と〕不二であるから、
仏の種姓[5]において、その果（仏）を想定（先取り）するから、
一切衆生は仏を本性として宿すと〔如来によって〕説かれた。[6]

この偈は、さらに偈による注釈を受け、

正覚者（ブッダ）の身体（法身）が遍満するから、真如が無差別であるから、
種姓〔が存在すること〕から、一切衆生は常に仏を本性として宿すと

【4】原語は「サットヴァ・ラーシ」。衆生の総体・全体集合のこと。

【5】原語は「ゴートラ」。「家柄、血統」の意。如来蔵思想においては、一切衆生は仏の種性に生まれていることになる。本書第一章第二節「種姓」の項参照。

【6】RGV 26.1–4、高崎[1989: 44]。

〔如来によって〕説かれた[7]。

と説明されている。これらの三種は順に、

一、〈法身遍満の義〉

二、〈真如無差別の義〉

三、〈種姓存在の義〉

とされ（三種の自性(じしょう)）、次に見るように「無量煩悩所纏品第六」において、『如来蔵経』の九喩を用いながら組織的な解説が施されることになる。

煩悩の皮殻が〔この如来蔵と〕無始時来共存しているが、本性として〔不可分に〕結合しているわけではないということと、清浄(しょうじょう)な諸性質が〔この如来蔵と〕無始時来共存し、かつ本性として結合していることに関して、九種の喩例によって、「如来蔵は辺際のない幾コーティ[8]もの煩悩の皮殻に覆われている」ということを、経[9]に準じて理解すべきである[10]。

【7】 *RGV* 26.5–6、高崎［1989: 45］。

【8】 「コーティー」ともいう。数の単位で一千万を表す。漢訳には「億」とするものもある。

【9】 『不増不減経』と『如来蔵経』による。

【10】 *RGV* 59.12–14、高崎［1989: 104］。

ここで『宝性論』は、『如来蔵経』の九喩を総説する。

［Ⅰ］萎えた蓮華中の仏、［Ⅱ］衆蜂中の蜜、
［Ⅲ］籾の中の実（穀物）、［Ⅳ］不浄処中の金、
［Ⅴ］大地中の宝蔵、［Ⅵ］小さな果実中の芽など、
［Ⅶ］ぼろぼろの衣の内にあるジナ（如来）の身（仏像）、
［Ⅷ］卑賤の女性の胎内の君主、そして、
［Ⅸ］泥模中に宝像があるように、
それと同様に、客塵の（一時的な）煩悩という垢に覆われた
衆生たちの内に、この〔如来の〕本性は住している。
諸々の垢は［Ⅰ］蓮華、［Ⅱ］蜂、［Ⅲ］籾、［Ⅳ］不浄物、［Ⅴ］大地、
［Ⅵ］果皮、［Ⅶ］弊衣、［Ⅷ］下賤の女性と、［Ⅸ］苦火に焼かれた地界と
似ており、
かの最も勝れた〔如来の〕本性は、［Ⅰ］仏、［Ⅱ］蜜、［Ⅲ］精米、
［Ⅳ］金、［Ⅴ］宝蔵、［Ⅵ］榕樹（ようじゅ）、［Ⅶ］宝像、［Ⅷ］〔ジャンブー〕洲の最

高君主と、［Ⅸ］垢を除去した宝像と似ている。【11】

この総説の後、『宝性論』は『如来蔵経』における九喩の一々を用いながら、如来蔵と煩悩の関係を論じていく。本書第三章第二節「『如来蔵経』における如来蔵の受容」と読み比べてみていただきたい。

Ⅰ　蓮華中の仏／蓮華の中の諸仏の喩え

最初は「蓮華中の仏」である。

> 諸々の煩悩は萎えた蓮華の萼に似ており、如来性【12】（如来蔵・仏性）は仏のごとくである、と言われる。
>
> あたかも、色あせた蓮華の萼に隠れた、
> 千光に飾られた如来を、
> 無垢なる天眼を持つ人が観察して、
> 蓮華の花弁の覆いから取り出すように、

【11】 RGV 59.16–60.10、高崎［1989: 105–106］。

【12】 原語は「タターガタ・ダートゥ」。「如来蔵（タターガタ・ガルバ）」、「仏性（ブッダ・ダートゥ）」と同義。

それと同様に、善逝(ぜんぜい)（如来）は仏眼により、無間(むけん)（阿鼻(あび)）地獄[13]にあるものたちにすら、おのれ〔と同じ〕法性(ほっしょう)（仏性）を見いだして、

未来永劫に存在する、汚(けが)れなき大悲を体とする方として、〔その法性を煩悩の〕覆障から解放する。

あたかも、萎えて、厭わしい蓮華と、その萼の内に存在する善逝（如来）とを見透して、

天眼持つ人が、〔蓮華の〕花弁を破り捨てるであろうごとく、

それと同様に、貪欲(とんよく)や瞋恚(しんに)[14]の垢等の皮殻に覆われてはいるが、その内に正覚者を宿していると世間を観察して、

牟尼(むに)[15]（如来）は悲心に基づいて、その覆いを除去するのである。[16]

II　衆蜂と蜜／群蜂に囲まれた蜂蜜

二番目は「衆蜂と蜜」である。

【13】八大地獄（八熱地獄）のうち最下層の地獄。原語は「アヴィーチ（間断がない、の意とされる）」。意訳語が「無間」、音写語が「阿鼻」。

【14】瞋（いか）りのこと。原語は「ドゥヴェーシャ」。貪欲（貪。ラーガ）・瞋恚（瞋）・愚癡（癡。モーハ）をあわせて「三毒（われわれを蝕む根本的な三種の煩悩）」という。

【15】「ムニ（聖者、賢者）」の音写語。ブッダの異称のひとつ。代表的な用例は「釈迦牟尼（シャーキャ・ムニ）」。

【16】*RGV* 60.11–61.2、高崎［1989: 106–107］。

諸々の煩悩は小さな虫（蜂）に似ており、如来性（如来蔵・仏性）は蜜のごとくである、と言われる。
それを求める知恵者が発見して、
あたかも、虫（蜂）の群れに取り囲まれた蜜を、
方便（手段、方策）をめぐらして、虫の群れを
それ（蜜）から完全にどかせるように、
それと同様に、偉大な聖仙[17]（如来）は、
全知者の眼によって知った、この蜜にも似た〔如来の〕本性（仏性）を観察して、
それを覆い隠す蜂に似たものが、
究極的に〔仏性と〕接触しないようにする。
あたかも、千・コーティ・ニユタ[18]ほどの虫に囲まれた蜜があるとして、
蜜を求める人が、それらの蜜蜂を取り除いて望みどおりに蜜を利用するごとく、
それと同様に、衆生たちの内なる無漏[19]（むろ）の智は蜜のごとく、煩悩は蜂のご

【17】原語は「マハー・リシ（マハルシ）」。ブッダの異称のひとつ。

【18】「ナユタ」ともいう。数の単位で一千億を表す。音写語は「那由多」。

【19】原語は「アナースラヴァ」。様々な心の汚れ・煩悩を伴わない状態。

とく、

ジナ（如来）はその除滅に通暁した人のごとくである。[20]

III　籾の中の穀物／皮殻に覆われた穀物

三番目は「籾の中の穀物」である。

諸々の煩悩は外皮のごとく、如来性は内なる実（精米）のごとくである、と言われる。

あたかも、諸々の穀物にあっては、外皮を付けた実は、人々の食用には供せられない。

しかし、食物などを求める人々は、

それを外皮から取り出すであろうように、

それと同様に、ジナ（如来）の本性（仏性）は衆生たちの中にあるとはいえ、

煩悩という垢が付着していて、

【20】*RGV* 61.3–15、高崎[1989: 107–108]。

三界にあって煩悩垢の過患(かげん)から解放されないかぎりは、正覚者の〈ハタラキ〉をなすことはない。

あたかも、稗・稲・粟・大麦〔などの〕穀物にあっては、脱穀されず、よく精白されない内実は、人々の美味な食物とならないように、

それと同様に、衆生たちの内にあって、煩悩の皮殻からその身が解放されない法王[21]（仏性）は、煩悩という飢渇に苦しむ人々にとって、法の喜びを与えるものとならないのである。[22]

Ⅳ　汚物中に落ちた金／不浄所に落ちた真金

四番目は「汚物中に落ちた金」である。

諸々の煩悩は不浄なる汚物の溜めに似ており、如来性は金のごとくである、と言われる。

【21】　原語は「ダルマ・ラージャ」。ブッダの異称のひとつ。この文脈では仏性を指す。すなわち、衆生の内なる如来蔵・仏性とは「如来の胎児」ではなく、完全な如来に他ならないのである。

【22】　*RGV* 61.16–62.8、高崎［1989: 108–109］。

たとえば、旅行者が、腐った汚物の溜めに金を落としたとしよう。
それは幾百年経っても、
その性質を失うことなく、
そこにあるがままにとどまっているであろう。
それを、清浄な天眼を持つ神が見て、
そこにいる人に告げる。
「ここにある、この最上の宝である金を
洗浄して、宝として役立てよ」と。
まさにそれと同様に、牟尼（如来）は衆生の徳性（仏性）が、
汚物に等しい諸煩悩のうちに沈んでいるのを見て、
その煩悩の汚れを洗い落とすために、
衆生たちの上に、法の雨を降りそそぐ。
あたかも、神が不浄に満ちた溜めに落ちた金を見て、
［その］最も美しいものを垢から浄めるべく人々に指示するように、
それと同様に、衆生たちの中に、煩悩という汚物中に落ちた正覚者（仏

性）という宝を観察して、
ジナ（如来）は衆生たちに、それを浄化すべく法（教え）を説くのである[23]。

【23】*RGV* 62.9–63.6、高崎［1989: 109–110］。

V　地中の宝蔵／貧家の地下にある宝蔵

五番目は「地中の宝蔵」である。

諸々の煩悩は地表に似ており、如来性は〔地下の〕宝蔵のごとくである、
と言われる。
たとえば、貧乏人の家の内で、
地下に無尽の〔宝〕蔵があったとしよう。
しかし、その人はそのことを知らず、
その宝蔵も、「私はここにある」とはその人に告げない。
それと同様に、不可思議にして無尽なる法の、
無垢なる宝蔵（仏性）が心中にあることに気づかず、

かの大衆は貧窮(びんぐう)の苦しみを、永久に、数多、経験する。

あたかも、貧者の家の内にある宝蔵は、その人に、「私は宝蔵である」とは告げず、その人もそうであるとは知らないであろう。

心という家にある法蔵（仏性）もそれと同じく、衆生たちは〔かの〕貧乏人のごとくである。

聖仙（如来）は、衆生たちがそれを獲得するように、世間に出現するのである。[24]

VI　果実中の芽／樹木の種子

六番目は「果実中の芽」である。

諸々の煩悩は皮殻に似ており、如来性は種子中〔にひそむ〕芽のごとくである、と言われる。

【24】 *RGV* 63.7–19、高崎[1989: 110–111]。

あたかも、アームラ果[25]やターラ果[26]などの中で、
諸々の樹木の種子中の芽は不滅性のものであるが、
大地に植えられ、水など〔の縁〕と結びつくと、
次第に大樹王の姿に成長していくように、
それと同様に、衆生たちの内にあって、
無明などという果皮の中で殻に覆われた清浄な法界(ほっかい)（仏性）は、
あれこれの善〔業〕に縁って、次第に、
牟尼王（如来）の姿に成長していく。
あたかも、水と太陽の光線と、風と大地と、時間、空間という諸縁によって、
ターラ樹の果実やアームラ果の皮殻の内から樹木が生ずるように、
それと同様に、衆生の煩悩の果皮の内にある正覚者の種子の芽（仏性）は、
あれこれの清浄な諸縁によって、〔いずれ〕成長して法樹（如来）と成るのである。[27]

【25】マンゴー。

【26】椰子の実。

【27】*RGV* 63.20–64.10、高崎［1989: 111–112］。

Ⅶ　弊衣中の仏像／ぼろきれにくるまれ、道に捨てられた仏像

七番目は「弊衣中の仏像」である。

諸々の煩悩は弊衣（へいえ）に似ており、如来性は〔それにくるまれた〕宝像のごとくである、と言われる。

たとえば、宝石でできたジナ（如来）の像が、
悪臭を放つ弊衣に包まれて、
道に捨てられているのを神が見て、
〔それを〕解き放とうとして、旅人にその財物のことを告げるであろうように、
それと同様に、種々の煩悩垢に覆われた
善逝（如来）の身体（仏性）を、汚れなき眼を持つ〔仏〕は、
畜生たちの中にまで〔存するのを〕観察して、
その解放に向けて、勝れた方便（救済手段）をめぐらす。

あたかも、宝石所造の如来の身像が、悪臭を放つ弊衣に包まれて道に捨てられてあるのを見て、

天眼を持つ者が〔それを〕脱がすために人々に指示するであろうように、

それと同様に、煩悩という腐爛衣に覆われて、輪廻の道に打ち捨てられた〔仏〕性を、

畜生の内にまで見いだして、ジナ（如来）は、その解放のために法を説くのである。[28]

Ⅷ　貧女胎中の王子／貧女が転輪王子を懐胎する譬喩

八番目は「貧女胎中の王子」である。

諸々の煩悩は胎児をみごもった女性に似ており、如来性は〔胎中で〕カララ位[29]の〔四〕大種[30]の状態にある転輪聖王（てんりんじょうおう）のごとくである、と言われる。

たとえば、一人の身寄りなく、容姿の醜い女人が、孤独舎に住んでいたとしよう。

【28】*RGV* 64.11–65.2、高崎［1989: 112–113］。

【29】托胎した最初の胎児の状態のこと（高崎［1989: 315］）。

【30】物質を構成するとされた四種の元素。地・水・火・風。

彼女は胎中に貴い王〔の胤〕を宿しながら、
自分の胎内にある王のことに気づかない。
輪廻転生は孤独舎のごとく、
不浄な衆生は胎児を宿す女人のごとく、
彼らの内なる、かの無垢なる〔仏〕性は、その胎児のごとくである。
それがあるから、彼ら衆生たちは、〔頼るべき〕主人（如来）を持つ者である。

あたかも、身に垢衣（くえ）を纏い、容姿の醜い女人が、
孤独舎にあって、王が胎内にあるとき、最大の苦痛を経験するであろうように、
それと同様に、煩悩のために心静まらぬ衆生たちは、苦の屋舎にあって、
自らの身の内に勝れた主人（仏性）があるにもかかわらず、主人などいないと考えている。[31]

【31】 *RGV* 65.3–16、高崎［1989: 113–114］。

IX　泥模中の金像／鋳型の中の真金像

最後は「泥模中の金像」である。

諸々の煩悩は泥模（鋳型）の塵に似ており、如来性は黄金の像のごとくである、と言われる。

たとえば、外側は泥で造られ、内部は溶けた
金で充たされた像が冷えるのを見て、
内なるものを浄めるために、それを知る人が、
金の外側の覆いを取り除くであろうように、
それと同様に、本性（仏性）の光り輝くことと、
諸垢の客塵たることを、常に観察して、
最勝の菩提を得た方（如来）は、宝蔵に似た衆生を、
覆障から浄化する。
あたかも、泥模中にある無垢なる灼熱の金で造られた像が冷えると、
それを知って、宝像師は、泥模を除去するであろうように、

それと同様に、清浄な金のごとき意[こころ]が静まったのを見て、一切智者【32】は、法話の理趣（道理）という打撃法によって、覆障を除去するのである【33】。

ここで『宝性論』は重ねて九喩を総括する。

〔Ⅰ〕蓮華や、〔Ⅱ〕蜜蜂、〔Ⅲ〕皮殻、〔Ⅳ〕不浄物、〔Ⅴ〕大地の中にある、

また、〔Ⅵ〕果皮、〔Ⅶ〕弊衣、〔Ⅷ〕女人の胎、〔Ⅸ〕泥模の中にある、

〔Ⅰ〕仏のように、〔Ⅱ〕蜜のように、〔Ⅲ〕精米、〔Ⅳ〕金、〔Ⅴ〕宝蔵、〔Ⅵ〕樹のように、

〔Ⅶ〕宝像のように、〔Ⅷ〕転輪聖王のように、〔Ⅸ〕金像のようであると。

無始の、〈心性＝仏性と〉結びつかない煩悩蔵の内にある、

衆生界の無始である無垢の心性が喩説された。

【32】原語は「サルヴァ・ヴィド」。ブッダの異称のひとつ。

【33】*RGV* 65.17–66.10、高崎［1989: 115–116］。

要約すれば、この『如来蔵経』〔に説かれた九〕喩の説示によって、全ての衆生界の無始である心を汚すものが客塵（一時的、偶発的）であることと、無始である心を浄めるものが、共に生じるもの（倶生（くしょう））、不可分離のものであることとが説明された。それゆえ、〔『維摩経』に〕説かれている。

〝心が汚されるゆえに衆生たちは汚され、心が浄められるゆえに浄められる〟と。【34】

そして『宝性論』は、先に挙げていた〈三種の自性〉、すなわち、

一、〈法身遍満の義〉

二、〈真如無差別の義〉

三、〈種姓存在の義〉

についての解説を行う。

三種の自性に関して、心の浄化の因である如来蔵の、仏像等との九種の

【34】 *RGV* 66.11–67.2、高崎［1989: 116］。

相似点を理解しなくてはならない。三種の自性とは何を指すのかと言えば〕。

その自性は法身であり、真如であり、また、種姓であるとも〔言われる〕。

それは順次に、三種、一種、五種の喩例によって知らなくてはならない。

〔最初の〕三種、すなわち、［I］仏の姿、［II］蜂蜜、［III］内実の譬喩によって、かの〔仏〕性は〈法身〉を自性とするものと理解すべきであり、［IV］金という一種の譬喩によって、〔その仏性の〕〈真如〉を自性とすることを理解すべきであり、〔残りの〕五種、すなわち、［V］宝蔵と、［VI］樹木と、［VII］宝像と、［VIII］転輪聖王と、［IX］金の像の譬喩によって、〔仏性が〕三種の仏身[35]を生起せしめる〈種姓〉を自性としていることを理解しなくてはならない[36]。

【35】自性身（法身）、受用身（報身）、化身（応身）の三身。

【36】*RGV* 69.17–70.1、高崎［1989: 122］。

すなわち、〈三種の自性〉と九喩とは、

一、〈法身遍満の義〉〔Ⅰ〕〔Ⅱ〕〔Ⅲ〕

二、〈真如無差別の義〉〔Ⅳ〕

三、〈種姓存在の義〉〔Ⅴ〕〔Ⅵ〕〔Ⅶ〕〔Ⅷ〕〔Ⅸ〕

という対応関係になっていると説明されている。

以下に『宝性論』は、〈法身〉〈真如〉〈種姓〉の順に解説を行っていく。

〈法身〉

法身は二種と知るべきである。〔その二種とは、〕よく垢を離れた法界（ほっかい）[37]と、

および、

その等流（とうる）[38]としての甚深な、あるいは種々の、教説とである。

諸仏の法身は二種と知るべきである。

〔第一は垢を離れた〕極清浄な法界で、〔これは〕無分別智[39]のはたらく領

【37】真理の領域。原語は「ダルマ・ダートゥ」。

【38】時間的に先んじる「因（ヘートゥ）」と、後に連なる「果（パラ）」とが、同質性を保っていること。原語は「ニシュヤンダ」。

【39】諸仏の覚りの智。原語は「アヴィカルパ・ジュニャーナ」。

域である。また、それは、諸々の如来の〈自内証の法、所証の法[40]〉に関して〔いわれているもの〕と理解しなくてはならない。

〔第二は〕その〔清浄法界の〕獲得の因であり、かつ、極清浄な法界と同質（等流）のもので、教化を受けるもの〔の能力の差〕に応じて、他の衆生たちに対して知らしめるものであり、これは〈所説の法[41]〉に関して〔いわれているもの〕と知るべきである。

〈所説〔の法〕〉は、微細と、麁大という法（教説）の提示の仕方の差違によって、さらに二種に分かれている。すなわち、〔微細というひとつめは〕甚深な菩薩蔵という法の提示の仕方による教説であり、これは真諦[42]に関わるものである。〔麁大という二つめは〕種々の、契経（スートラ）、重頌（ゲーヤ）、記別[43]（ヴィヤーカラナ）、偈頌（ガーター）、自説[44]（ウダーナ）、因縁[45]（ニダーナ）などの様々な法の提示の仕方による教説であり、これは世俗諦[46]に関わるものである。

出世間的であり、世間にその実例は得られないので、

【40】諸仏の覚りのこと。原語は「アディガマ・ダルマ」。

【41】諸仏の教説のこと。原語は「デーシャナー・ダルマ」。

【42】究極の真実のこと。原語は「パラマ・アルタ・サティヤ（パラマールタ・サティヤ）」。

【43】問答体による教説。

【44】自らの感動・感慨により自発的に説かれた教説。

【45】経が説かれたり律が制定されるに至ったきっかけや理由を説明する教説。

【46】世間的真実のこと。原語は「サンヴリティ・サティヤ」。

〔清浄法〕界は［Ⅰ］如来とのみ相似することとされる。［Ⅱ］蜂蜜が一味であるように、微細にして甚深な仕方による教説も〔一味であり〕、種々の仕方による教説は、［Ⅲ］種々の殻中の内実のごとくであると知るべきである。[47]

【47】 *RGV* 70.3–15、高崎［1989: 123–124］。

そして〈法身遍満の義〉に関して、『宝性論』は如来蔵の第一義〔第一の解釈〕を提示する。

以上のように、［Ⅰ］仏の姿、［Ⅱ］蜜、［Ⅲ］内実という三種の喩例によって、如来の法身が余すところなく衆生界に遍満しているという意味〔義〕に関して、

〝**彼ら一切衆生は、如来の胎児たちである**〟

と、〔如来蔵の第一義が〕説明される。けだし、衆生界中のいかなる衆生といえども、如来法身より外に存在するものはないこと、〔それは〕か

たちあるもの（色(しき)）が虚空界(こくう)【48】〔の外には決して存在しないの〕と同様である【49】。

如来の法身（仏智）に一切衆生が包摂されることは、本書第二章第三節「『華厳経』「如来性起品」――仏智の滲透」に見たとおりである。

〈真如〉

本性が不変であり、善〔そのもの〕であり、〔そして〕清浄であるから、真如に対して、［Ⅳ］金塊の譬喩が説かれた。

心は、無限の煩悩と苦に伴われているにもかかわらず、本性としては光り輝いている。そのため、〝〔心が〕変異する〟とは説けないので、したがって、善〔そのもの〕である金と同様に、無異の義によって〈真如〉と呼ばれる。しかも、全ての衆生たちにとって、〔それが〕たとえ邪定(じゃじょう)【50】の身であっても、本来無差別(むしゃべつ)である、この同じもの（真如）が、一切の客塵の垢

【48】原語は「アーカーシャ・ダートゥ」。空間のこと。

【49】*RGV* 70.16–19、高崎[1989: 124]。

【50】覚りを得られぬことが決定（けつじょう）しているとされた者のこと。原語は「ミティヤートゥヴァ・ニヤタ」。

から浄められたとき、如来という名称を得るのである。【51】

そして〈真如無差別の義〉に関して、『宝性論』は如来蔵の第二義（第二の解釈）を提示する。

このようなわけで、［Ⅳ］金の一喩によって、真如無差別の義に関して、**〝如来、すなわち真如が、彼ら衆生たちの本性である〟**と、〔如来蔵の第二義が〕説明される。【52】

その後『宝性論』は、『大乗荘厳経論（だいじょうしょうごんきょうろん）』【53】の一節を引用する。

真如は全てについて無差別であるが、それが清浄に達したとき、如来の位と成る。

したがって、一切衆生は、それ（真如＝如来）を本性としている。【54】

【51】 *RGV* 71.5–10、高崎［1989: 124–125］。

【52】 *RGV* 71.10–12、高崎［1989: 125］。

【53】『マハーヤーナ・スートラ・アランカーラ（マハーヤーナ・スートラーランカーラ）』。偈頌は弥勒（マイトレーヤ）作、散文の注釈は世親（ヴァスヴァンドゥ、四〇〇～四八〇頃）作と伝えられる。

【54】 *RGV* 71.16–17、高崎［1989: 125］。

〈種姓〉

種姓、それは二種で、〔それぞれ〕［Ⅴ］宝蔵、および［Ⅵ］果樹のごとし、と知るべきである。

すなわち、無始で本性として住している〔種姓〕と、勝れた、開発(かいほつ)された〔種姓〕とである。

〔自性身（法身）・受用身(じゅゆうしん)（報身(ほうじん)）・化身（応身(おうじん)）という〕三種の仏身の獲得は、この二種の種姓よりと考えられる。

第一〔の種姓〕から第一身、第二〔の種姓〕から後の二種〔仏身〕が〔得られる〕。

清浄な自性身は［Ⅶ］宝像のごとし、と知るべきである。

〔それは〕人為的なものではないから、また、本性が功徳宝の拠り所〔所依〕であるから。

大法王であるから、受用〔身〕は［Ⅷ］転輪聖王のごとくである〔と知るべきである〕。

映像(ようぞう)であることを本性としているから、化〔身〕は［Ⅸ］金像のごとくである〔と知るべきである〕[55]。

そして〈種姓存在の義〉に関して、『宝性論』は如来蔵の第三義（第三の解釈）を提示する。

以上、そのように、これら残りの五種、〔すなわち、〕［Ｖ］宝蔵、［Ⅵ］樹木、［Ⅶ］宝像、［Ⅷ］転輪聖王、［Ⅸ］金像の喩例によって、三種の仏身が生起する〈種姓〉（因）が存在するという義に関して、

〝**如来性が、これら衆生たちの本性である**〟

と、〔如来蔵の第三義が〕説明される。如来の位は、三種の仏身をもって顕されるものである。それゆえ、如来性はその獲得にとっての因たるものである。この場合、〔如来性の〕「性（ダートゥ）」の意味は、「因（ヘートゥ）」という意味である。なぜならば、次のように〔仏典に〕説かれているからである。

【55】*RGV* 71.18–72.6、高崎［1989: 126］。

ここで、衆生の一人ひとりに如来性が生起して、〔彼らの〕本性となって存在している。しかも、彼ら衆生たちは〔そのことを〕自覚しないでいる。[56]

しかし、衆生の本性が如来蔵・仏性であるなら、衆生はなぜ輪廻のただなかにいるのであろうか。そこで『宝性論』は他の仏典を引用しながら、この問題について解答していこうとしている。

無始時来の〔仏〕性は、一切法の等しく拠り所（所依）たるものである。それ（仏性）があるとき、一切の〔輪廻の〕道もあり、また、涅槃の体得もある。[57]

ここで「無始時来」とは、どのようにであるか。すなわち、如来蔵そのものに関して、世尊によって、「〔如来蔵の〕前際（一番はじめ）は知られない」と説かれ、示されていることをいう。[58]

【56】 *RGV* 72.7-12、高崎［1989: 126-127］。

【57】『大乗阿毘達磨経』による。

【58】『勝鬘経』による。

「〔仏〕性」とは、すなわち〔経中[59]で〕説かれた、次のことを指す。

世尊よ、この如来蔵なるものは、出世間の本性であり、自性清浄なる本性であります。

「一切法の等しく拠り所たるもの」というのは、すなわち〔経中[60]で〕説かれた、次のことを指す。

世尊よ、そうでありますから、如来蔵は〔それと本質的に〕結合し、不可分であり、智と離反しない無為の諸法にとっても、所依、支え、基盤たるものであります。〔如来蔵と本質的に〕結合せず、分離性の、智と離反した有為の諸法にとっても、所依、支え、基盤たるものは、如来蔵であります。

「それがあるとき、一切の〔輪廻の〕道もあ」るというのは、すなわち

【59】『勝鬘経』による。

【60】『勝鬘経』による。

〔経中で[61]〕説かれた、次のことを指す。

世尊よ、如来蔵があるとき輪廻もあるというのは、この語にとって妥当であります。

「また、涅槃の体得もある」というのは、すなわち〔経中で[62]〕説かれた、次のことを指す。

世尊よ、もし如来蔵が存在しないならば、〔衆生は〕苦を厭うこともなく、また、涅槃に対する欲求・求得・願求もないでしょう[63]。

しかし、如来蔵が出世間の諸法にとっての所依であることは理解しやすくとも、世間法にとっても所依であることは、容易には理解できないことがらである。そこで『宝性論』は言う。

【61】『勝鬘経』による。

【62】『勝鬘経』による。

【63】*RGV* 72.13–73.8、高崎［1989: 127–128］。

〔如来蔵という法性は〕思惟すべきものでも、分別すべきものでもなく、
ただひたすらに信解すべきものなのである。

ただ信によってのみ、自存者（如来）たちの最勝の義理（ことわり）は
通達されなければならない。
けだし、眼の無い者は光り輝く日輪を見ることができない〔のと同様で
ある〕[64]。

そして『宝性論』はその第一章「如来蔵」を、造論の目的を説く「為何義説品第七」をもって閉じている。

かつて様々な機会において、諸仏によって、一切はいかなる場合にも空
であり、
雲・夢・幻の像と似ていると知るべきであると説かれた。
そうであるにもかかわらず、ここではなぜこのように、

【64】 *RGV* 73.15–16、高崎[1989: 129]。

一切衆生に仏性があると説かれたのか。
（一）怯む心と、（二）劣った衆生に対する侮りと、（三）虚妄への執著と、（四）真実の法の誹謗と、くわえるに、（五）自我愛と、
これら五種の過誤を持つ人々に対し、
それを断ずるために説かれたのである。[65]

（一）すなわち、この〈一切衆生に仏性ありという〉ことを聴聞しないため、一群の心が劣った人々には、自らを蔑むという過失があるから、菩提に向けて発心することがない。
（二）たとえ菩提心を発しても、その人には「私は〈菩提心を発していない他の人より〉勝っている」との心があるので、まだ発心していない人々に対して「劣った者だ」との想念を抱く。
（三）そのような思いを抱くその人には、正しい智は生じない。したがって、虚妄そのものに執著し、真実そのものを見いだせない。

【65】 *RGV* 77.12–19、高崎[1989: 136]。

（四）虚妄とは、衆生たちの過失をいう。それは作られた、客塵のものであるから。真実とは、その過失の無我（空）なることで、本来清浄な諸徳性をいうのである。

（五）非実在なる諸過失に執著して、真実在なる諸功徳を誹謗〔しているうちは〕、有智者（菩薩）は、衆生と自らを平等に見る慈愛を獲得しない。

しかし、こ〔の仏性の教え〕を聴聞すると、その人には、（一）努める気持ちと、（二）師としての尊敬（そんぎょう）と、（三）智慧（般若）[66]と、（四）〔後得（ごとく）智〕[67]と、（五）大悲という五法が起こるので、したがって、

その人は（一）下劣心なく、（二）平等観を持ち、（三）過失なく、（四）徳性を有し、（五）自他を平等に愛する者として、速やかに仏位に到達するのである[68]。

以上の「造論の目的」をまとめると[69]、（一）自分は覚れないと怯む心・下劣心に対しては、仏性ありと説いて努める気持ちを起こさせ、（二）自らは発心

【66】ブッダの覚りの智慧。原語は「プラジュニャー」。

【67】ブッダが般若を得た後、衆生利益のため再び現象世界を分別（ふんべつ）をもって眺める智のこと。原語は「〔プリシュタ・ラブダ・〕ジュニャーナ」。

【68】*RGV* 78.7–20、高崎［1989: 137–138］。

【69】高崎［1997: 173］。

して、まだ発心していない他者を侮る心に対しては、一切衆生に仏性があると説いて、衆生の全てに師としての尊敬を抱かせ、（三）虚構のものを実在として執著する心に対しては、智慧（般若）によって煩悩の空なることを説いて過失を除き、（四）真実の法をも空（無）として誹謗する心に対しては、如来の後得智によって、不空なる如来の徳性ありと明かし、（五）強い我執に対しては、大慈悲に基づいて自他を平等に愛する者にし、これらをもって衆生を仏位（成仏、仏果）へと進ませるため、ということになろう。

（二）如来蔵三部経――『如来蔵経』『不増不減経』『勝鬘経』

高崎［1974］は、『如来蔵経』『不増不減経』『勝鬘経』の三経を、「『宝性論』に向かって理論的に整備されていく流れ」という意味で、「如来蔵三部経」と呼称した。これらのうち、『如来蔵経』については本書第三章第二節「『如来蔵経』における如来蔵の受容」で取りあげたので、本節では『不増不減経』と『勝鬘経』の教説を、『宝性論』に引用されている個所を中心に見ていくこととする。

『不増不減経』

1　シャーリプトラよ、この〔勝〕義〔諦〕[70]は如来の〔智の〕対象であり、如来の〔はたらく〕領域である。シャーリプトラよ、一切の声聞・独覚たちであっても、ともあれ、この〔勝〕義〔諦〕は自らの智慧をもって正しく知ることも〔できず〕、見ることも〔できず〕、観察することもできない。ましてや、愚かな凡夫にあってはいうまでもない。ただ、如来に対する信による通達を除いては。けだし、シャーリプトラよ、勝義〔諦〕はただ信を通してのみ通達される。シャーリプトラよ、勝義〔諦〕というのは、これは衆生界の別名である。シャーリプトラよ、衆生界というのは、これは如来蔵の別名である。シャーリプトラよ、如来蔵というのは、これは〔如来〕法身の別名である[71]。

2　シャーリプトラよ、たとえば、燈明は不可分性のもの、徳性と離れ

【70】原語は「〔パラマ・〕アルタ〔・サティヤ〕」（パラマールタ・サティヤ）。最高の意義としての真実のこと。

【71】RGV 2.8–13、高崎[1989: 5]。

ないものである。すなわち、光明・熱・色性と〔不可分であり〕不分離である。また、摩尼〔宝珠〕[72]が、その光沢・色・形状と〔不可分であり不分離〕であるように、まさしくそれと同様に、シャーリプトラよ、如来所説の法身は、不可分性であり、智と離れない徳性を有するものである。すなわち、ガンジス河の砂の数を超える〔ほどの多くの〕如来の諸徳性と〔不可分であり不分離〕である[73]。

3　シャーリプトラよ、この〔如来〕法身は常住（ニティヤ）である。〔すなわち〕無変異性のものである。無尽性のものであるから。シャーリプトラよ、この〔如来〕法身は堅固（ドゥルヴァ）である。〔すなわち〕堅固な帰依処である。未来際にわたって平等であるから。シャーリプトラよ、この〔如来〕法身は寂静（シヴァ）である。〔すなわち〕無二性のものである。無分別性のものであるから。シャーリプトラよ、この〔如来〕法身は恒常（シャーシュヴァタ）である。〔すなわち〕不消滅性のものである。非人為的のものであるから[74]。

【72】原語は「マニ」。宝石類の総称。不可思議な功徳をそなえた宝石のことを指す場合もある。

【73】*RGV* 39.5–8、高崎［1989: 68］。

【74】*RGV* 54.12–15、高崎［1989: 94］。

4　如来蔵は辺際のない幾コーティもの煩悩の皮殻に覆われている。【75】

【75】 RGV 59.14、高崎[1989: 104]。

5　シャーリプトラよ、まさにこの〈法身〉が無量コーティの煩悩の覆いに纏われ、輪廻の流れに漂いつつ、無始の輪廻の道にあって、生死(しょうじ)の間をさまよっているときには、〈衆生界〉と呼ばれる。

シャーリプトラよ、その同じ〈法身〉が、輪廻の流れの苦を厭い、全ての欲望の領域から貪りをなくし、十波羅蜜【76】にまとめられる八万四千の法蘊【77】によって、菩提に向けて修行しつつあるときには、〈菩薩〉と呼ばれる。

【76】 布施・持戒・忍辱・精進・禅定・智慧の六波羅蜜に、方便・願・力・智を加えたもの。

【77】 原語は「スカンダ」。「集まり」「集積」「全体を構成する部分」の意。

シャーリプトラよ、さらにまたその同じ〈法身〉が、一切の煩悩の覆いを離れ、一切の苦を乗り越え、全ての些細な煩悩や垢を離れ、浄く清浄にして、最高の清浄な法性に住し、一切衆生が仰ぎ見るべき地(じ)に上り、全ての知られるべき〔所知の〕領域において、第二となるもののない威丈夫の力を獲得し、無覆なる〔所証の〕法と、無礙なる一切の〔所説の〕法に対する自在力を体得したときには、〈如来・応供・正遍知〉と呼ばれるのである。[78]

6　シャーリプトラよ、したがって、〈衆生界〉と〈法身〉とはそれぞれ別異ではない。〈衆生界〉こそが〈法身〉であり、〈法身〉こそが〈衆生界〉に他ならないのである。この二つは内実において不二である。ただ、文字が異なっているに過ぎない。[79]

以上を通して、『不増不減経』においては、

勝義諦＝衆生界＝如来蔵＝法身

という等式が成り立っており、それらは文字が違うだけに過ぎず、法身のあり方によって、衆生、菩薩、如来の別異が生じると理解されていることが分かる。

『勝鬘経』

1　〈阿羅漢と独覚たちは、涅槃界から〉遥か遠くにいるのです。[80]

【78】RGV 40.16-41.5、高崎［1989: 71］。

【79】RGV 41.15-17、高崎［1989: 73］。

【80】RGV 58.8、高崎［1989: 101］。

2　世尊よ、〔阿羅漢と独覚たちの〕涅槃というのは、これは諸々の如来の方便〔に過ぎないの〕です。【81】

3　世尊よ、たとえば、〔四種の〕執著（取）を縁とし、有漏業を因として、〔欲界・色界・無色界という〕【82】三種の輪廻生存（有）が成立します。世尊よ、まさにそれと同様に、潜在的な無知（無明住地）を縁とし、無漏業を因として、阿羅漢・独覚・自在力を得た菩薩たちという、三種の意志の力で生まれた身体（意成身）が生じます。世尊よ、これらの三種の地において、これら三種の意成身を生むために、そして、無漏業の現成にとって、縁たるものは潜在的な無知なのです。【83】

4　世尊よ、およそ、劣ったもの・勝れたもの〔と諸法を優劣で見る者〕たちにとっては、涅槃は体得されません。世尊よ、〔優劣を区別せず〕平等の法を持つ者たちにこそ、涅槃の体得があるのです。平等な智を持ち、

【81】 *RGV* 56.16–17、高崎［1989: 99］。

【82】 三界については、本書第三章注【28】参照。

【83】 *RGV* 33.15–34.4、高崎［1989: 58–59］。

平等な解脱を持ち、平等な解脱知見を持つ者たちにこそ、涅槃の体得があるのです。世尊よ、したがって、涅槃の境地（涅槃界）について、「ひとつの味（一味）、平等な味（平等味）」と言われるのです。すなわち、明知と解脱の味に関してです[84]。

5　世尊よ、阿耨多羅三藐三菩提（無上正等覚[85]）という、これは涅槃界の別名です。世尊よ、涅槃界という、これは如来法身の別名です[86]。

6　世尊よ、如来と法身とは別のものではありません。世尊よ、法身こそ、如来なのです[87]。

7　この、救護もなく拠り所（依処）もない世間において、〔それは〕未来際に等しく、尽きることのない帰依処、常住の帰依処、堅固な帰依処です。すなわち、それは、諸々の如来・応供・正遍知なのです[88]。

【84】RGV 59.5–8、高崎[1989: 103]。

【85】「この上ない正しく完全な覚り」の意。原語は「アヌッタラー サムヤク・サンボーディ」で、「阿耨多羅三藐三菩提」はその音写語。

【86】RGV 3.1–2、高崎[1989: 5–6]。

【87】RGV 56.3–4、高崎[1989: 97]。

【88】RGV 20.8–9、高崎[1989: 34]。

8 〔法（ダルマ）と僧（サンガ）は〕部分的な帰依処であり、究極的な帰依処ではありません[89]。

9 世尊よ、あらゆる幾コーティもの煩悩の殻に覆われている如来蔵について疑念を抱かぬ者は、全ての煩悩の殻から離脱した如来法身についてもまた、疑念を抱きません[90]。

10 世尊よ、したがって、有為の（作られた）輪廻もあれば、無為の（作られない）輪廻もあります。また、有為の涅槃もあれば、無為の涅槃もあります[91]。

11 世尊よ、決して〔何らかの〕存在の消滅が苦の滅なのではありません。世尊よ、苦滅〔諦〕の名において、無始時来の、作られない、不生、不起、不滅で、滅尽を離れ、常住・堅固・寂静・恒常であり、本来清浄にして、一切の煩悩の殻から離脱し、ガンジス河の砂の数を超えた、不可分

【89】 *RGV* 20.2、高崎［1989: 34］。

【90】 *RGV* 79.11–13、高崎［1989: 140］。

【91】 *RGV* 50.10–11、高崎［1989: 87］。

にして、智と離れない、不可思議な仏の諸徳性をそなえている〈如来法身〉が指示されています。世尊よ、そして、この同じ法身が、まだ煩悩の殻から離脱していないとき、〈如来蔵〉と呼ばれるのです。[92]

12　如来蔵に関する智（如来蔵智）こそが、諸々の如来の空性に関する智（空性智）です。そして、如来蔵は、一切の声聞・独覚たちによっては、いまだかつて見られたこともなく、理解されたこともありません。[93]

13　如来蔵は、分離した、智と離れた一切の煩悩蔵については〈空〉です。〔しかしそれは〕ガンジス河の砂の数を超えた、不分離の、智と離れない、不可思議な仏の諸徳性については〈不空〉です。[94]

14　世尊よ、諸々の形成力・形成物（諸行）は無常であると見るならば、それはその人には断見[95]があることになりましょう。〔また、〕涅槃は常住であると見るならば、その人には常見[96]があることになりましょう。このこと

【92】*RGV* 12.10–14、高崎[1989: 22]。

【93】*RGV* 76.15–16、高崎[1989: 134]。

【94】*RGV* 76.8–9、高崎[1989: 133]。

【95】虚無主義の一種。

【96】慢心の原因の一種。

はその人にとって正見ではないでありましょう[97]。

15 世尊よ、衆生は〔アートマン（我）の観念の素材として〕執著された五取蘊[98]に対して顛倒[99]しています。彼らは無常なるもの（五取蘊。以下同様）に対して常であると想い、苦なるものに対して楽であると想い、アートマンでないものに対してアートマンであると想い、不浄なものに対して浄であると想っています。〔一方、〕世尊よ、一切の声聞や独覚たちもまた、〔彼らの〕空性の智によってはいまだかつて見られたことのない、一切智（如来）の智の対象である如来法身に対して顛倒しています。

世尊よ、衆生たちがあったとして、彼らが世尊の息子たち、嫡子たちであれば、〔如来法身に対して、正しく〕常と想い、楽と想い、アートマンと想い、浄と想うでありましょう。世尊よ、そして、そのような衆生たちは、顛倒していない〔と言われるべき〕でありましょうし、彼らは正しく観る者たちである〔と言われるべき〕でありましょう。それはなぜかと申しますと、世尊よ、如来法身こそが究極の常住（常波羅蜜）、究極の安楽

【97】*RGV* 34.20–35.2、高崎[1989: 60]。

【98】五取蘊の原語は「パンチャ・ウパーダーナ・スカンダ」。五蘊（パンチャ・スカンダ）はわれわれを構成する五つの要素のこと。色（ルーパ。身体）・受（ヴェーダナー。感受作用）・想（サンジュニャー。表象作用）・行（サンスカーラ。形成作用）・識（ヴィジュニャーナ。認識作用）を五蘊といい、これらが煩悩に覆われた状態にあるとき、特に五取蘊という。

【99】原語は「ヴィパリヤーサ」。真実にもとる見方やあり方のこと。

（楽波羅蜜）、究極のアートマン（我波羅蜜）、究極の清浄（浄波羅蜜）だからです。如来法身をこのように観る衆生は、正しく観る者たちです。正しく観る者たち、彼らこそ、世尊の息子たちであり、嫡子たちなのです【100】。

16 世尊よ、如来蔵があるとき輪廻もあるというのは、この語にとって妥当であります【101】。

17 世尊よ、「死んだ」といったり、「生まれた」といったりする、これは、世間の慣習的な言い方です。世尊よ、「死んだ」というのは、これは諸々の感覚器官（諸根）の壊れることです。世尊よ、「生まれた」というのは、これは新しい諸根が出現することです。世尊よ、如来蔵は生まれることもなく、老いることもなく、死ぬこともなく、〔この世間から〕退出することも、〔来世に〕生まれることもありません。それはなぜかと申しますと、世尊よ、如来蔵は有為の相の境界（領域）を超えており、常住・堅固・寂静・恒常だからです【102】。

【100】 *RGV* 30.19–31.6、高崎［1989: 54–55］。

【101】 *RGV* 73.6、高崎［1989: 128］。

【102】 *RGV* 45.20–46.4、高崎［1989: 80］。

18　世尊よ、そうでありますから、如来蔵は〔それと本質的に〕結合し、不可分であり、智と離反しない無為の諸法にとっても、所依、支え、基盤たるものであります。〔如来蔵と本質的に〕結合せず、分離性の、智と離反した有為の諸法にとっても、所依、支え、基盤たるものは、如来蔵であります。[103]

19　世尊よ、もし如来蔵が存在しないならば、〔衆生は〕苦を厭うこともなく、また、涅槃に対する欲求・求得・願求もないでしょう。[104]

20　世尊よ、この如来蔵は、実体概念（有身見）に堕した人々や、顚倒〔想〕に耽っている人々や、空性に関して心が散乱している人々にとっては、その〔覚知可能な〕境界（領域）ではありません。[105]

21　世尊よ、この如来蔵なるものは、出世間の本性であり、自性清浄な

【103】 RGV 73.2–5、高崎[1989: 128]。

【104】 RGV 73.7–8、高崎[1989: 128]。

【105】 RGV 74.5–6、高崎[1989: 130]。

る本性であります[106]。

22　世尊よ、善なる心（善心）は刹那性[107]です。それは煩悩によって汚されません。不善心も刹那性です。その〔不善〕心が諸々の煩悩によって汚されるということもありません。世尊よ、諸々の煩悩がその心と接触することはありません。

世尊よ、その場合、いかにして不可触性の心が〔無知の〕闇によって汚されるのでしょうか。世尊よ、しかも、〔実際には〕諸々の煩悩があり、また、汚された心があります。

世尊よ、さてまた、本性清浄な心が煩悩によって汚されるという意味は、難解であります[108]。

23　〔勝鬘〕夫人よ、この二つの法は洞見しがたい。本性清浄な心は洞見しがたいし、その同じ心が染汚（ぜんま）していることも洞見しがたい。夫人よ、この二つの法については、そなた、もしくは偉大な諸徳性をそなえた菩薩

【106】*RGV* 72.16–73.1、高崎 [1989: 127]。

【107】原語は「クシャニカ」。瞬間（刹那。クシャナ）瞬間に生滅を繰り返す性質のものであること。

【108】*RGV* 15.3–7、高崎 [1989: 26–27]。

たちであれば聞くこともできようが、夫人よ、その他の一切の声聞・独覚たちにとっては、この二法については、ただ如来を信じるほかはない[109]。

『勝鬘経』においては三宝のうち、法（ダルマ）と僧（サンガ）は究極的には帰依処たりえず、仏（ブッダ）のみが究極的な帰依処とされる。如来蔵は衆生の内なる如来法身であり、煩悩を持たない（煩悩に関しては空である）一方、不可思議な仏徳については不空である（仏徳をそなえる）。そしてその如来法身（如来蔵）は、常・楽・我・浄という四徳波羅蜜をそなえており、常住・堅固・寂静・恒常である。如来蔵は、衆生が涅槃を求める原動力であり、無為・有為両法にとっての所依、支え、基盤となる。この、完全に清浄な如来法身（如来蔵）が煩悩に染汚されていることは了知しがたく、ただひたすら如来を信じるほかはないとされ、それ以上の議論を打ち切っていることが分かる。

【109】 RGV 22.1–4、高崎［1989: 38］。

第五章　如来蔵思想の展開

（一）如来蔵思想の問題点[1]

（1）修道論的課題

本書序章第一節で見たように、如来蔵思想は「万人がブッダに成り得る可能性を如来が衆生の内に見いだして、そのことを大慈悲に基づいて衆生に知らしめ、衆生に信を生じさせる教説」である。衆生が如来蔵であることは衆生には決して感得することはできず、ただひたすらに「一切衆生は如来蔵である（如来を本性として有する、仏性を有する）」という如来の教説を信じるほかはない。

【1】本節の内容は、鈴木［2020］の「序論」に基づく。

しかし、『涅槃経』が提唱した如来蔵・仏性は衆生の仏塔化であった。仏塔は、仏塔信仰の脈絡ではブッダそのものであるため、『涅槃経』は一切衆生をブッダの位置にまで上昇させていることが知られる。これによって一切衆生は、成仏（ブッダと成ること）というゴールを目指しながら、すでにそのゴールを自らの内に抱え込んでいるという、非常に特殊な状況下に置かれることとなった。したがって、いかに「衆生が如来蔵・仏性を有することは、如来にしか分からない」と説いたとしても、衆生の仏塔化・ブッダ化という『涅槃経』による提言の力は大きく、ここに「自分はすでにブッダなのだから、修行などする必要はもはやないのではないか」という「修行無用論」を招く危険性を十分に持っていた。これを、如来蔵思想が抱えるに至った〈修道論的課題〉と呼ぶこととしよう。

阿羅漢であろうと思って、声聞乗を批判し、〝私は菩薩であり、方広[2]の説示者である。一切衆生には如来蔵の諸功徳があり、ブッダが存在する〟と言ってブッダに成るとの授記[3]をなし、〝私もあなたも様々な煩悩を水瓶

【2】原語は「ヴァイプルヤ」。「広大な」の意。大乗経典を指す。

【3】原語は「ヴィヤーカラナ」。「将来・未来に関する解説」、すなわち「予言」を指す。

のように破壊しよう。疑いなく菩提を修習しよう〟と言う。たとえば、清浄で信仰があり、ことば巧みな聡明な王の使者は、敵の中で自分の命を賭けて王に対してのことばをしっかりと申し述べる。それと同様に、方広を堅持している智慧ある者は、愚者たちの中で命を賭けて、一切衆生には如来蔵があるのでブッダに成るとの授記を与えるのである。【4】

このように『涅槃経』では、如来蔵・仏性があることが、成仏の授記とされている。仏教の伝統からいえば、授記を受けた者は成仏確定者であるから、「修行無用論」に陥る危険性はいや増すことになる。この〈修道論的課題〉に対処するため『涅槃経』は、それまで経典内で「欲望を貪る者」等の意味を担っていた「一闡提（イッチャンティカ）」を、「自分に如来蔵・仏性があるのだから（すでに自分はブッダ・成仏確定者なのだから）、修行など無用だ」と考える極悪人として再定義し、如来蔵・仏性という「ひとつの極」とともに機能する「もう一方の極」として強調せざるを得なくなったのである。

【4】『涅槃経』(mDo, Tu 133b8–134a4)。

一切衆生には仏性があって（一切衆生悉有仏性）、その〈仏〉性は各自の身体に内在しており、諸々の衆生は数多の煩悩を滅ぼして後にブッダと成るのである。ただし一闡提はその限りではない[5]。

この〈修道論的課題〉は、『涅槃経』（特に第二類）の強い影響下に編纂された『央掘魔羅経』においても、引き続き対処の対象となっている。殺人鬼アングリマーラは実は南方世界の如来であり、彼の悪行は衆生を教化するための手段（方便）であったとする同経は、『涅槃経』の教説を引き継いで、同じく「一闡提を内に含んだ宗教倫理構造」を採用している。

〈マハーマウドガルヤーヤナ（大目犍連、目連[6]）は〉告げた。「病人に関する教誡には三種類ある。医者に診てもらえば助かる病人、医者に診てもらわなくても助かる病人、医者に診てもらっても助からない病人である。」〈アングリマーラは〉反論した。「病気には三種はない。医者に診てもらわなくても助かる病気、医者に診てもらっても助からない病気で、治せる

【5】『涅槃経』（mDo, Tu 99a6–7）。

【6】釈尊十大弟子の一人で「神通（じんずう）第一」とされる。

か、治せないかの二種である。（中略）
大徳マハーマウドガルヤーヤナよ、治せるものは治せる、治せないものは治せないと、三種は分別であって、三種はないのである。〔三種あるという〕それは声聞の智であって、蚊と等しい智であると智者たちは言っている。（中略）
大徳マハーマウドガルヤーヤナよ、二種の希有なものがある。二種とはなにかといえば、如来と一闡提である。如来は最勝の位で希有なのであって、如来より高貴な位はないので希有である。下劣な位もまた、一闡提より他にはない。（中略）最勝の上位は諸仏世尊である。下劣な位には一闡提たちがある。大徳マハーマウドガルヤーヤナよ、そのように希有は二種であって、邪定の人は一闡提であると理解しなさい。正定の人は如来と仏弟子であると理解しなさい。[7]」

同じく『央掘魔羅経』は、「如来蔵＝成仏の授記」という『涅槃経』の理解を踏襲している。

【7】『央掘魔羅経』（mDo. Tsu 171a8–172a8）。

過去世に昼間は全く見ることができず、暗闇のみを見る梟（ふくろう）となっていて如来蔵を信じない衆生たちは、現世においても、世間で師を見ても求めようとはしない。未来世においても、安慰説者（あんにせっしゃ）[8]のもとで如来蔵〔の教え〕を聞いても、〔如来蔵、すなわち〕ブッダに成れるという授記を信じない衆生たちは、プールナよ、梟に等しく、不信の者たちであって、占い師の予言のよう〔にとるに足らないものなの〕である[9]。

この所説を前提として、次の引用を見ていくこととしよう。「一切衆生悉有仏性」、すなわち「一切衆生は成仏の授記をすでに得ている（成仏確定者である）」と同時に、「一切衆生は仏塔である、すでにブッダである」ならば、修行など不要であろうとアングリマーラに問うマンジュシュリー（文殊[10]）菩薩に対し、釈尊が代わって答える場面である。

〔マンジュシュリー〕「〝如来蔵、如来蔵〟と言われているが、その意味

【8】『央掘魔羅経』と『大法鼓経』に共通するトレーガー（編纂者・支持者）の呼称。想定される原語は「ヒタ・ウパデーシュトリ（ヒトーパデーシュトリ）」。チベット訳語は「phan par ston pa」。

【9】『央掘魔羅経』（mDo. Tsu 160a8-b2）。

【10】「文殊師利」と音写される。大乗仏教に特有の菩薩の一人。空に立脚する智慧を特性とする。

【11】在家者の五戒（不殺生、不偸盗、不邪婬、不妄語、不飲酒）を破る行為。

【12】死後、ただちに地獄に堕

は何か。もし一切衆生に如来蔵があるならば、一切衆生は〔一人残らず〕ブッダと成るであろうし、一切衆生が殺生、妄語、飲酒、姦淫、偸盗を[11]はじめとする一切の悪業道をなすこともありえないではないか。もし一切衆生に仏性があるならば、いつ度脱し修行する〔必要がある〕のか。仏性があるならば、〔もはや度脱も修行も必要ないと思い、〕誰でも〔五〕無間業[12]や一闡提の業をなすであろう。」（中略）

〔釈尊〕「マンジュシュリーよ、調伏行[13]をなす子供があったとしよう。世尊であるカーシャパ[14]如来・応供・正遍知は〝〔汝は〕今から七年後に法をそなえた法の王である転輪聖王[15]となるであろう。わたしは七日後に入滅するであろう〟と授記した。その調伏行をなす子供はたいそう喜び、〝私は一切智[16]によって転輪聖王になると授記された。もはや疑う余地はない〟と思って大喜びした。そして自分の母に、〝お母さん、僕に魚、肉、ミルク、胡麻団子、酪、辛菜、スープ、穀類などをください。力をつけたいのです〟と言って、全てを混ぜて食べたところ、死ぬはずではなかった時に死んでしまい、自ら死んで、自ら傷つけたとしたら、はたして〔カーシャ

ちる（あるいは無間地獄に堕ちる）五逆（母を殺す、父を殺す、阿羅漢を殺す、如来に出血させる、僧団を分裂させる）のこと。無間地獄については、本書第四章注【13】参照。

【13】内的には自らの悪行を退け、外的には敵意ある者を教化し、障礙（しょうげ）を打ち破ること。

【14】釈尊のひとつ前にこの世界に出現したとされる如来（過去七仏の六人目）。釈尊十大弟子の一人であるマハーカーシャパ（摩訶迦葉。頭陀第一）とは区別されねばならない。本章注【38】参照。

【15】原語は「チャクラ・ヴァルティン」。「転輪王」ともいう。正義をもって全世界を治める理想の王。ブッダと転輪聖王は、三十二相（三十二の勝れた身体的特徴）を共有するなどの共通点を有する。

【16】原語は「サルヴァ・ジュニャ」。「一切を智（し）る者」の意。ブッダの異称のひとつ。

パ〕世尊如来は妄語したことになるのか。それとも一切智ではなかったのか。あるいは彼には転輪聖王としての善根と福徳の果報がなかったのか。」

〔マンジュシュリー〕「彼は過去世に悪業をなしていたので死んだのです。」

〔釈尊〕「マンジュシュリーよ、そのように言ってはならない。彼は死ぬはずではなかった時に死んだのであって、過去世になした悪業のせいではない。世尊如来が授記するからには、過去世になした業を知らずに授記するということはありえないからである。その子は過去世になした悪業のせいで死んだのではなく、〔暴飲暴食して〕自ら過ちをなし、自ら殺してしまったのである。

マンジュシュリーよ、そのように、男であれ女であれ、もし〝私には如来蔵があるので勝手に度脱できるのだから、悪事をなそう〟と思って悪事をなしたとしたら、どうして自分の〔仏〕性が度脱することがありえようか。先に説いた調伏行をなす子供のように、〔仏〕性はあっても度脱しないのだ。それはなぜかといえば、彼は大変に放逸であって、放逸であるがゆえに、法のきまりに従って度脱しないのである。
衆生たちに仏性はないのであろうか。仏性は〔王子が成長すれば王となるという〕王権の異熟のように、一切衆生にある。ブッダは妄語するのであろうか。ブッダが妄語することはない。妄語する衆生たちが放逸に狂い、教えを聞いたとしても彼らは自らの過ちによってブッダと成ることができないのである。[17]」

いかがであろうか。この理屈によって、〈修道論的課題〉は解決されたことになるであろうか。筆者は難しいと考える。そもそも将来の状況が未確定の場合、ブッダは無記（答えない）に徹するのが常道である。それは、弟子の成仏のような重大事に限らない。たとえば、信者から明日自分の村に来てもらいたいと請われて、釈尊がそれを承知する場合、釈尊は沈黙をもって了承するのが常である。いうまでもなくこれは、釈尊自身はその村に赴こうと思っていたとしても、天候や体調が急変するなど予期せぬ事情によって行くことができなくなった場合、「行きます」という返答が妄語になることを防止するためである。

【17】『央掘魔羅経』（mDo. Tsu 200a3–b5）。

このように、ブッダ如来の真実語者（サティヤ・ヴァーディン、言った通りにする者、言った通りになる者）としてのありかたは徹底しているのである。『央掘魔羅経』の編纂者もそのことを十分承知していたのであろう。この教説においても、「成仏の授記が叶わなくても、ブッダは妄語していない」と主張しているが、いかにも苦しい弁明である。

そもそも、それがいかに実践道を回復・維持するための便法であったとはいえ、一闡提という成仏不可能者を例外的に認めることは、〝如来の慈悲に基づいて、衆生内の如来法身として〈如来出現〉が実現しているため、衆生は「誰もが例外なく成仏可能」という意味において先天的に利益されている〟という、如来蔵思想の根本理念・構造と相反してしまうものでもあった。そのため、一部の例外を除き、後続する諸経論や、はては『涅槃経』の内部[18]においてさえ、便法としての一闡提に関する「密意（みっち）」を解いて、いわゆる「闡提成仏」の主張へと路線を転換していく。『宝性論』より引用する。

しかるにまた、このことが〔しばしば〕いわれる。「一闡提（イッチャ

【18】曇無讖訳『涅槃経』の第十一巻以降（428b以降）に確認される。

ンティカ）は畢竟（ひっきょう）無涅槃性のものである」と。それは、大乗法に対する嫌悪が、一闡提たることの因であるといって、大乗法に対する嫌悪を除去せしめるために説かれたのである。別時を意趣することによってである。何人といえども、本来清浄な種姓（仏性）があるからには、決して、畢竟じて不浄な性質のものであることはありえない。なぜならば、重ねて世尊は無差別に一切衆生に清浄となる資格があることを含意して、次のように説いているからである。

〔輪廻する衆生は〕実に無始のものではあるが、決して終わりがないわけではない。〔一切衆生は例外なく〕自性清浄にして、堅固なる法をそなえている。しかし、外から無始なる〔煩悩の〕殻によって覆われていて、見ることができない。あたかも、金の像が〔砂や塵に〕蔵（かく）されているごとくである。[19]

その結果、いったんは獲得されたかに見えた〈修道論的課題〉解決への糸口は手放されてしまい、再び未解決の状態へと後戻りすることとなったのである。

【19】*RGV* 37.1–9、高崎［1989: 64］。

（2）構造的課題

如来蔵思想における衆生の内なる如来法身は、真如・法身でありながら、煩悩に取り巻かれている。この状態の真如・法身を「有垢真如」「在纏位の法身」という。本書第四章第二節の記述を振り返りながら、『不増不減経』と『勝鬘経』の所説を辿ってみよう。まずは『不増不減経』の所説である。

シャーリプトラよ、この同じ法身が、無量コーティの煩悩の被膜に覆われ、（中略）生死を経巡っている間は、衆生界と呼ばれる。[20]

シャーリプトラよ、勝義〔諦〕というのは、これは衆生界の別名である。シャーリプトラよ、衆生界というのは、これは如来蔵の別名である。シャーリプトラよ、如来蔵というのは、これは〔如来〕法身の別名である。[21]

シャーリプトラよ、それゆえ衆生界と法身とは別物ではない。衆生界こ

【20】 *RGV* 40.16–18、高崎［1989: 71］。

【21】 *RGV* 2.11–13、高崎［1989: 5］。

そが法身であり、法身こそが衆生界なのである。両者は内実に関して不二であって、ただ単に文字が違っているに過ぎない[22]。

> シャーリプトラよ、法身は常住（ニティヤ）である。（中略）法身は堅固（ドゥルヴァ）である。（中略）法身は寂静（シヴァ）である。（中略）法身は恒常（シャーシュヴァタ）である[23]。

以上の引用より、『不増不減経』においては「衆生界＝如来蔵＝法身」という関係が成立しており、如来蔵は無量の煩悩に覆われてはいるが、「常住・堅固・寂静・恒常」という〈四句〉によって形容される如来法身[24]とは、単に名称が相違しているだけで、その本質は全く変わるところがないとされていることが分かる。

次に、『勝鬘経』の所説に移ることとする。

〈勝鬘夫人は申し述べた。〉「世尊よ、存在の消滅が苦の滅なのではあり

【22】*RGV* 41.15–17、高崎[1989: 73]。

【23】*RGV* 54.12–15、高崎[1989: 94]。

【24】元来、如来や涅槃の形容句である〈四句〉は、如来蔵系諸経論においても如来法身を表現する際に好んで用いられる。本書第一章第二節「四句」の項参照。

ません。世尊よ、苦滅〔諦〕の名において、無始時来の、作られたものでない、不生・不起・不滅で、滅尽を離れ、常住・堅固・寂静・恒常であり、本来清浄にして、一切の煩悩の覆いから離脱し、ガンジス河の砂の数を超える、不可分、智と離れない、不可思議なブッダの諸徳性をそなえた如来法身が示されています。世尊よ、そしてこの同じ如来法身がまだ煩悩の覆いから離脱していないとき、如来蔵と呼ばれるのです。[25]」

〔勝鬘夫人は申し述べた。〕「世尊よ、法身こそ如来なのです。[26]」

〔勝鬘夫人は申し述べた。〕「世尊よ、如来蔵は生まれることも、老いることも、死ぬことも、輪廻することも決してありません。（中略）世尊よ、如来蔵は有為の相の境界を超えており、常住・堅固・寂静・恒常だからです。[27]」

これらの引用より、『勝鬘経』における如来蔵も『不増不減経』の場合と同

【25】*RGV* 12.10–14、高崎［1989: 22］。

【26】*RGV* 56.4、高崎［1989: 97］。

【27】*RGV* 46.2–4、高崎［1989: 80］。

様に、煩悩の覆いから離脱していないにもかかわらず、「常住・堅固・寂静・恒常」という〈四句〉によって形容されうる、有為の相の境界を超えた如来（如来法身）そのものであることが知られる。

では、その如来蔵（如来法身）と煩悩との関係はどうなっているのであろうか。引き続き『勝鬘経』の所説を見ていくこととしよう。

〔勝鬘夫人は申し述べた。〕「如来蔵は、分離した、智と離れた一切の煩悩の覆いについては空です。一方、ガンジス河の砂の数を超える、不可分、智と離れない、不可思議なブッダの諸徳性については不空です[28]。」

【28】*RGV* 76.8–9、高崎[1989: 133]。

如来蔵は、煩悩とともにありながらも、それらの煩悩とは本質的に結びついておらず、不可思議な仏徳を失うことはないとされている。しかし、それでもなお、如来蔵は煩悩の覆いを脱しておらず、本来清浄であるにもかかわらず煩悩によって染汚（ぜんま）されているのはなぜか。この「法身の清浄と染汚に関わる問題」は「一切衆生への如来法身の内在」という如来蔵思想の根本的構造に起因しているため、ひとえに『勝鬘経』だけにとどまるものではなく、この思想全般に見られる共通の課題であった。これを如来蔵思想の〈構造的課題〉と呼ぶこととしたい。そこで、如来蔵思想の理論化に努めた『勝鬘経』は、この〈構造的課題〉の解決に向けた方策・説明原理の模索に苦心している。

〈勝鬘夫人は申し述べた。〉「世尊よ、それゆえ如来蔵は、〈如来法身である如来蔵と本質的に〉結合し、不可分、智と離れない、無為の諸法にとっての所依・支え・基盤です。世尊よ、さらにまた、〈如来蔵と本質的には〉結合しておらず、分離した、智と離れた有為の諸法にとっても、所依・支え・基盤であるものは如来蔵なのです。[29]」

〈勝鬘夫人は申し述べた。〉「世尊よ、もし如来蔵がなければ、〈衆生は〉苦を厭うこともなく、涅槃を願い、求め、欣求することもないでしょう。[30]」

〈勝鬘夫人は申し述べた。〉「世尊よ、如来蔵があるとき輪廻もある、と

【29】 RGV 73.2–5、高崎［1989: 128］。

【30】 RGV 73.7–8、高崎［1989: 128］。

いうのは、この語にとってふさわしいものです。[31]」

これらの引用から知られるように、『勝鬘経』は、如来蔵を無為法と有為法双方にとっての所依（いわゆる「染浄依持（せんじょうえじ）の如来蔵」）とすることによって、如来蔵思想の抱える〈構造的課題〉を解決しようと試みている。しかし、如来蔵が「浄依持」であることは理解しやすいとしても、なぜ「染依持」であるのかは容易には納得されないことがらである。結局、『勝鬘経』は〈構造的課題〉に最終的な解答を出すことができないまま、次のようなかたちで議論を打ち切らざるをえなかった。

〔勝鬘夫人は申し述べた。〕「如来蔵に関する智こそが、諸々の如来の空性智なのです。そして如来蔵は、一切の声聞や独覚によっては、いまだかつて見られたことも理解されたこともありません。[32]」

〔勝鬘夫人は申し述べた。〕「世尊よ、本来清浄である心が煩悩に汚され

【31】*RGV* 73.6、高崎［1989: 128］。

【32】*RGV* 76.15–16、高崎［1989: 134］。

るという意味は難解です[33]。」

〔世尊は告げた。〕「夫人よ、この二つの法は洞察しがたい。すなわち、本来清浄である心も洞察しがたく、その同じ心が染汚されていることも洞察しがたい。（中略）この二つの法については、ただ如来を信ずるよりほかはない[34]。」

このように『勝鬘経』は、清浄な法身がなぜ煩悩に染汚されるのかは説明不可能であり、ひたすらに如来を信ずるほかはないとして、〈構造的課題〉についての明確な解答を回避・放棄している。結局、〈構造的課題〉は未解決のまま、来たるべき経論へとその解決が委ねられることとなったのである。

（二）『大法鼓経』による解決[35]

『央掘魔羅経』の他に、『涅槃経』の強い影響下に成立した経典がもうひとつ

【33】RGV 15.6–7、高崎［1989: 27］。

【34】RGV 22.1–4、高崎［1989: 38］。

【35】本節の内容は、鈴木［2020］の「本論」、および鈴木［2014］に基づく。

存在する。それが『大法鼓経』である。『大法鼓経』は、『涅槃経』第一類、『大雲経』、『涅槃経』第二類、『央掘魔羅経』とともに「涅槃経系経典群」と名づけられる経典のグループを形成しており、さらに、成立時期・思想的発展のどちらの面からも、この経典群の末尾・終極に位置している。そして涅槃経系経典群の最後尾を飾るにあたり、『大法鼓経』は、これまで未解決であった〈修道論的課題〉と〈構造的課題〉双方の解決を試みている。本章第一節で見たように、〈修道論的課題〉には『涅槃経』と『央掘魔羅経』が「一闡提を内に含む宗教倫理構造」をもって、そして〈構造的課題〉には『勝鬘経』が「染浄依持の如来蔵」をもって対処を試みるも、いずれの場合も問題を残してしまい、課題の解決には至っていなかった。そこで『大法鼓経』は、従来とは全く異なる発想をすることによって、両課題を一挙に解決しようと試みたのである。その発想とは、衆生の内なる如来法身を放棄することであった。

　衆生の内なる如来法身の放棄がなぜ解決をもたらすのかは、第一節ですでに辿った、如来蔵思想が〈修道論的課題〉と〈構造的課題〉を抱えるに至った経緯を見れば明らかであろう。すなわち、如来法身が一切衆生に内在されたからこそ、如来法身がすでに自らの内にあるのになぜ修行する必要があるのかという〈修道論的課題〉と、なぜ衆生の内なる如来法身は本来清浄でありながら煩悩に染汚されているのかという〈構造的課題〉とが発生したのであり、結局、原因はどちらの場合も、如来蔵思想が一切衆生に如来法身を内在させたことに帰着するからである。以下、衆生に内在する如来法身を放棄した『大法鼓経』の所説を、引用に従って見ていくこととする。

(1)『大法鼓経』の説く如来

まず、『大法鼓経』における如来の観念についての記述である。

如来は常住・堅固・寂静・恒常であり、入滅しても不壊である。[36]

入滅した諸仏世尊一切は、常住・堅固・寂静・恒常なのである。[37]

『大法鼓経』では「常住・堅固・寂静・恒常」という〈四句〉をもって、入

【36】『大法鼓経』(mDo. Tshu 92a7–8)。

【37】『大法鼓経』(mDo. Tshu 106a1)。

滅しても不壊である常住な如来を表現している。この、『大法鼓経』における常住如来が法身であることは、それが如来法身の形容句として多用される〈四句〉を適用されているからという傍証ばかりでなく、以下の釈尊のことばから直截に確かめることができる。

〔如来の滅後、説法者は『大法鼓経』を説示して、次のように〕解説するであろう。〝ここに釈迦牟尼世尊がいらしているのを見なさい。そのように如来は常住・堅固・寂静・恒常なのである。私の説示した常・楽の教えとはこのようなものだと知りなさい。〟

そのときには、十方の諸仏が中空に姿を顕して〝その通りである〟と言い、一切世間の人々も彼の教説を〝善説である〟と信じるであろう。（中略）

カーシャパ[38]よ、わたし（釈尊）はそのような善男子や善女人に、法よりなる身体（法身）を示現してあげよう。彼らがどこの聚落、都城、町に住んでいようとも、その場所でわたしは彼らに〔法身を〕示現して、〝善男

【38】漢訳語は「（摩訶）迦葉」。釈尊十大弟子の一人で「頭陀（ずだ）第一」とされる。本章注【14】参照。

子たちよ、如来であるわたしは常住である〟と説いてあげよう。今日よりこの経典を受持し、読み、誦し、他の人たちにも宣布し、〝如来は常住・堅固・寂静・恒常である〟と説き、知らしめ、〝〔釈迦牟尼〕世尊は常に〔ここに〕住されている〟と自らの思いが浄らかで、偽善なく偽りなく欺瞞なくそのように知らしめる者、浄心をそなえた者に、わたしは自らを目の当たりに示してあげよう[39]。

【39】『大法鼓経』(mDo. Tshu 129b6–131a4)。

右記より知られるように、『大法鼓経』における如来法身は、入滅しても不壊である常住な如来を意味している。この法身としての常住如来は、『大法鼓経』の教説を信じる衆生の前に出現し、説法を通した衆生利益という如来業(慈悲)を顕現できる如来であり、衆生の内にあって、煩悩に覆われ如来業を示現することのできない如来蔵とは峻別されている。『大法鼓経』においては、常住・堅固・寂静・恒常という〈四句〉は、成覚したブッダ如来を表現する場合にのみ用いられており、如来蔵・仏性にはついぞ適用されることがない。さらに、先の引用文中に見られた、如来業を顕現できる完全態としての如来を表す「法身」が、『大法鼓経』における法身の唯一の使用例であって、如来蔵・仏性を法身と呼称している例はひとつも確認されないのである。

すなわち『大法鼓経』では、衆生の内なる如来蔵は如来法身とは見なされておらず、そのため〈四句〉も冠されていない。法身であり、常住・堅固・寂静・恒常であるものは、『大法鼓経』では成覚し、衆生利益の如来業を示現できるブッダ如来のみということになる。そして如来蔵・仏性が如来法身でない以上、「如来法身をすでに獲得している衆生が、なぜ如来法身の獲得のために改めて修行する必要があるのか」という〈修道論的課題〉からも、「なぜ清浄な如来法身が煩悩に覆われるのか」という〈構造的課題〉からも解放されることとなり、ここに『大法鼓経』は、如来蔵思想が抱え込んできた二つの難問を、どちらも同時に解決することに成功したのである。

(2) 如来蔵思想の根本理念

以上、如来蔵思想が抱える二つの課題、及び『大法鼓経』による、衆生の内なる如来法身の放棄を通した課題解決の過程を見た。たしかに、両課題の発端が一切衆生への如来法身の内在にあった以上、その内在する如来法身を放棄することによって課題が解決できることは、ある意味自明の理であった。では、なぜ他の経論が衆生に内在する如来法身を放棄してこなかったかといえば、その答えは明白である。すなわち、一切衆生に如来法身が内在するという提言は、元来両課題を生じさせるためのものではなく、如来の慈悲業の究極形態として如来法身を一切衆生に抱え込ませることによって、如来と衆生との間に本質的な〈等質性〉を認め、その〈等質性〉を根拠として一切衆生の成仏の〈可能性〉を主張するために行われた、如来蔵思想の根本理念そのものであったからである。

したがって、衆生の内なる如来法身を放棄することは、如来蔵思想の根本理念の崩壊に直結してしまうこととなってしまう。そうであるからこそ、他の経論は衆生の内なる如来法身を放棄しないまま、その内なる如来法身に起因する二つの課題の解決に臨んだのであった。しかし、原因を放置したままでは、それに起因する課題を完全には解決できなかったことは、これまでに見てきたとおりである。だが、原因である「一切衆生への如来法身の内在」の放棄は、如来蔵思想の根底を揺るがしかねないものであり、なかなか踏み切ることができない。〈修道論的課題〉と〈構造的課題〉が難問であった理由は、それが如来蔵思想の根本理念に根ざすものであって、解決に当たっては、どうしても自家撞着を避けることが困難であったからである。そのような状況であるにもかかわらず、『大法鼓経』が衆生の内なる如来法身を放棄できた理由はどこにあるのであろうか。『大法鼓経』における如来蔵・仏性（ブッダ・ダートゥ）は、もはや成仏の因（ダートゥ＝ヘートゥ）とはなっていないのであろうか。

一切衆生と一切の生きものには仏性があって、（中略）その〈仏〉性〈という因〉によって、諸々の衆生は涅槃を得るのである。[40]

このように、『大法鼓経』においても衆生の内なる如来蔵・仏性は、もはや如来法身ではないにもかかわらず依然として成仏の因と見なされており、その点で、「如来蔵を因とする一切衆生の〈成仏可能性〉の主張」という如来蔵思想の根本理念が踏襲されていることが分かる。これらを総合すると、『大法鼓

【40】『大法鼓経』（mDo. Tshu 115a8–b1）。

経』が根本理念を踏襲できたのは、如来法身の内在によらないで、一切衆生の〈成仏可能性〉を主張できる新たな説明原理を手に入れたからに他ならないということになるであろう。以下では『大法鼓経』の教説を辿りながら、その新しい説明原理を探っていくこととする。

（3）如来と衆生の関係

『大法鼓経』では衆生の内なる如来法身を放棄したため、法身を介した如来と衆生との〈本質的等質性〉を主張することはできない。そこでまず、『大法鼓経』における如来と衆生との関係を見てみることとする。

もし衆生が福をなせばブッダであり、なさなければ衆生のままである。[41]

【41】『大法鼓経』(mDo, Tshu 102b7)。

ここでは、ブッダ如来は衆生が成ったものという〈如来と衆生の連続性〉と、衆生は衆生のままではブッダ如来ではないという〈如来と衆生の異質性〉とが同時に確認されている。如来法身が衆生に内在していない以上、〈如来と衆生の等質性〉は無条件には認められず、仏道修行を通した〈連続性〉とともに、現時点での〈異質性〉が強調され、再確認されているのである。

〔カーシャパは〕尋ねた。「この世間において、滅尽はございますか、それともございませんか。」

〔世尊は〕告げた。「世間において、いつであれ、いかようにであれ、滅尽は決してない。」（中略）

〔カーシャパは申し述べた。〕「世尊よ、衆生聚【42】は無尽でありますが、一切の声聞・独覚はそのことを知りません。ただ〔諸〕仏世尊のみがご存知なのです。」

世尊は告げた。「カーシャパよ、見事だ、その通りである。衆生聚は無尽なのである。」

〔カーシャパは〕尋ねた。「世尊よ、入滅した衆生（ブッダ如来）には滅尽があるのでしょうか。それともないのでしょうか。」

〔世尊は〕告げた。「衆生に滅尽はない。（中略）もし滅尽があれば〔衆

【42】原語は「サットヴァ・ラーシ」。衆生の総体・全体集合のこと。

生聚に〕増減があることになろう。〔しかしそのようなことはありえない。〕（中略）入滅した諸仏世尊一切は、常住・堅固・寂静・恒常なのである[43]。」

この個所では、入滅した諸仏世尊をも含めて広義の衆生と見なした上で、如来は入滅しても常住であること、すなわち〈如来の常住性〉に基づき、衆生の総体である衆生聚の無尽が主張されている。したがって如来と衆生との間には、どちらも広義の衆生であるという点で〈等質性〉がある一方、解脱を得ているかいないかという点で〈異質性〉が確認され、〈連続性〉はあるものの、両者の間には明確な線引きが行われており、〈修道論的課題〉が未然に回避されている。このことから、『大法鼓経』が「一闡提を内に含む宗教倫理構造」を、『涅槃経』や『央掘魔羅経』から継承する必要がなくなったことが分かるのである[44]。

【43】『大法鼓経』（mDo, Tshu 103b2–106a1）。

【44】『大法鼓経』は一闡提に一切言及しない。この事実を従来研究（高崎［1974: 246］）は、「『大法鼓経』は極めて楽観的でおおらかだ」と評していた。

（4）アートマンの実在性

以上で、『大法鼓経』における如来と衆生との関係が確認された。ここで本題の、『大法鼓経』が手に入れた「如来法身の内在によらないで、一切衆生の〈成仏可能性〉を主張できる説明原理」の考察へと移ることにする。結論の一部を先取りするならば、それは「アートマンの〈実在性〉」を鍵とする説明原理であった。『法華経』「従地涌出品（じゅうじゆじゅっぽん）第十四」の「父少子老喩（ふしょうしろうゆ）[45]」を踏まえた遣り取りの後、釈尊は次のように告げた。

この『大法鼓経』もそれと同様〔に希有〕である。それはなぜかといえば、如来は入滅したにもかかわらず依然として住し続けると言い、アートマンも我がものという観念（我所[46]）もない〔と信じてきた〕者たちに向かって、今再びアートマンはあると説くからである[47]。

従来タブー視されてきたアートマンの観念の肯定的使用は、本書第三章第一節で見たように、出世間の四不顛倒を説く『涅槃経』（第一類）によってすでに先鞭がつけられていた。ただし『涅槃経』（第二類）においては、衆生の内

【45】二十五歳の父親に百歳の息子がいるという譬喩。

【46】原語は「ママ」。我がもの、我に属するものの意。

【47】『大法鼓経』（mDo. Tshu 95a5–6）。

なるアートマンは常住自在なブッダ如来・如来法身そのものであり、その完全なブッダを抱え込む衆生の価値がブッダと同等にまで上昇してしまったため、『涅槃経』は「一闡提を内に含む宗教倫理構造」を確立して、〈修道論的課題〉に対処せざるをえなくなった。しかし『大法鼓経』では衆生への如来法身の内在を説かないため、「アートマン」という用語そのものは同じであっても、常住自在なブッダ如来・如来法身を指すものではなかった。この点について、まず二件の引用を通して確かめておく。

衆生が輪廻をさまよっている間はアートマンが遷移して〔自在ではなくなって〕いるので、アートマンはないという見解（無我説）が恒常・常住〔の真実〕である。（中略）〔しかし〕解脱は寂静・常住・有色（姿かたちをそなえている）である。（中略）解脱は実在する。[48]

解脱に到った諸仏世尊もわたし（釈尊）の境界であって、彼らもまた有色であり、その解脱も有色なのである。（中略）解脱を得た、極めて清浄

【48】『大法鼓経』（mDo. Tshu 113a5–b3）。

な智を有する諸仏もまた、まさしく有色であるといわれるのだと、明らかに正しく理解しなさい[49]。

まだ解脱（覚り、涅槃）を得ておらず輪廻を経巡るうちは、衆生に内在するアートマンは遷移しており、本来の〈自在性〉を発揮できない。そのため無我説が説かれるが、解脱を得た諸仏は永遠に消え去ることなく姿かたちを保ち（有色）、常住・寂静であり〈自在性〉を取り戻していると『大法鼓経』は説く。この引用個所からはまず、衆生の内なるアートマンは、『涅槃経』の場合とは異なり、遷移してしまうもの・堅固でないものとされ、したがって、常住・堅固・寂静・恒常である如来法身とは明確に区別されていることが確認できる。加えてこの個所からは、『大法鼓経』が『涅槃経』第二類と同様に、アートマンの〈内的実在性〉という特性を利用して教説の基本構造を構築しようとしていることも知られる。さらに三件目の引用を続けよう。

〔カーシャパは〕尋ねた。「解脱を得た者（如来）が堅固で自在であるな

【49】『大法鼓経』(mDo. Tshu 101a8–b2)。

ら、衆生もまた実在し、堅固であると知らねばなりません。それはなぜかと申しますと、煙によって〔火が〕ある〔と知られる〕ようなものだからです。もし解脱が恒常であるなら、〔解脱は〕アートマン（実在・自在）ということになりますから、〔結局、〕〝解脱はアートマンである（実在する、自在である）〟と説くことは、〔解脱・如来の〕有色に基づいて説かれるものなのでしょうか。」

〔世尊は告げた。〕「〔解脱・如来は有色で実在するといっても〕世俗の有身見[50]のようなものではなく、断〔見〕・常〔見〕を語るようなものでもないのである。」

カーシャパは重ねて尋ねた。「世尊よ、諸々の如来が〔常住で〕入滅されないのでしたら、なぜそのように入滅を示されるのですか。生起（しょうき）することがないのなら、なぜ生誕を示されるのですか。」

〔世尊は告げた。〕「衆生は〝ブッダでさえ死ぬのであれば、私たち〔が死ぬの〕はいうまでもない。ブッダでさえアートマンが自在でないのなら、アートマンと我所に執著する私たち〔が自在でないの〕はいうまでもな

【50】原語は「サトカーヤ・ドゥリシュティ」。われわれの心身を実体的なものとして捉える誤謬（ごびゅう）。

い〟と知るであろうからだ。（中略）〔衆生が〕輪廻をさまようううちは〔自分が自在ではないにもかかわらず〕〝私はアートマン（自在）である〟と我見を起こすので、アートマンはないと見なすように〔諸仏は入滅を示現するの〕である。（中略）

そもそも如来は天中天であるから、もし如来がそのように入滅して消え去ってしまったとしたら、世間は損減することになるであろう。もし損減しないのであれば堅固・寂静である。もしそのように堅固であるならばアートマン（自在性・実在性）はあると知られるべきである。あたかも、煙に基づいて火〔が知られる〕ように。（中略）

もし存在しないもの（非有）が衆生となったなら、〔それは〕どこか別のところから来たことになるであろう。〔なぜなら、〕もし意思作用を持つもの（衆生）が滅するなら、〔衆生は〕損減するものとなるであろうし、もし非有が衆生となったなら、〔衆生は〕増大するものとなるであろう〔からである〕。〔しかしそのようなことはありえない。〕したがって、〔如来と衆生の〕二者（衆生聚）は不生不滅で、それゆえ不増不滅なのである。」[51]

成覚したブッダ如来は不壊・有色で消え去ることなく、常住・堅固・寂静・恒常であるから、自在でありアートマン（自在性・実在性）がある。一方、その如来の〈自在性・実在性〉と、「衆生が成覚すればブッダ」という如来と衆生の〈連続性〉に基づき、如来を含めた衆生聚は無尽・不増不滅とされる。したがって、如来にアートマン（実在性）があるのであれば、輪廻を経巡る衆生にもアートマンがなくてはならない。もし衆生にアートマンがなければ、アートマンを持たない衆生がアートマンを持つ如来と成ることによって、無から有が生じることになり、その結果、衆生聚の不増不滅に反することになってしまうからである。したがって、火そのものが直接確認できなくとも、煙があれば火の存在が知られるように、輪廻を経巡る衆生のアートマンは直接確認できなくとも、如来にアートマンがあることによって、衆生にもアートマンがあると知られるのである。

もちろん、先に見たように、衆生に内在するアートマンは遷移しており〈自

【51】『大法鼓経』（mDo. Tshu 113b3-114b1）。

在性〉を発揮できない状態にある。しかし、解脱を得た如来にも、まだ解脱を得ていない衆生にも、等しくアートマン（実在性）があることに基づき、『大法鼓経』は如来と衆生の間に〈等質性〉を認めていることが分かる。たとえ如来法身の内在は放棄しても、如来と衆生の本質的な〈等質性〉を主張している点では、『大法鼓経』も、他の如来蔵系経論も変わるところはなかったのである。ただし、如来と衆生の本質的な〈等質性〉を認めているとはいえ、それが如来法身を媒介としたものではないため、〈修道論的課題〉も〈構造的課題〉も『大法鼓経』には無縁のものとなったことは、すでに見てきたとおりである。

以上、『大法鼓経』の教説を辿ることで、

一、成仏の因である如来蔵・仏性が一切衆生にあることによって、一切衆生の成仏の〈可能性〉が保証されている。
二、如来と衆生との間に本質的な〈等質性〉を認めている。

これら二点において、『大法鼓経』と他の如来蔵系経論の間に違いはないこと、および、〈等質性〉は如来法身ではなくアートマンによって確保されているため、『大法鼓経』では〈修道論的課題〉と〈構造的課題〉の双方が回避されていることを見た。今や残された問題は、如来法身の内在を通さずに、いかにして『大法鼓経』が〈可能性（如来蔵・仏性）〉と〈等質性（アートマン）〉を結びつけているかの解明に絞られたことになる。

幾コーティもの煩悩の被覆で覆われたこの〔仏〕性は、声聞や独覚に歓喜しているうちは、アートマンでありながらアートマンでないものとなり、（中略）諸仏世尊に歓喜したなら〔真の〕アートマンとなるのである。[52]

【52】『大法鼓経』(mDo. Tshu 115b2–3)。

ここにわたしたちは、『大法鼓経』における「如来蔵・仏性とアートマンの連結」を見ることができる。たしかに、衆生の内なる如来蔵・仏性をアートマンと見なすことは、先に見たように、すでに『涅槃経』第二類においてなされていた試みである。しかし『涅槃経』における如来蔵・仏性は、未完成態の〈可能性〉にとどまるものではなく、すでに完全態として〈自在性〉をそなえたアートマンであった。それは『涅槃経』が、如来蔵・仏性を「衆生の内なる如来法身」と捉える文脈の上に立っており、そのうえでアートマンの〈自在性・実在性〉を利用して、如来蔵・仏性をアートマンと表現したからであった。

しかし『大法鼓経』においては、如来蔵・仏性を「衆生の内なる如来法身」と捉える伝統は放棄されているため、『涅槃経』からは主として、「如来蔵・仏性をアートマンと表現する」という用法を継承したに過ぎないことになる。『大法鼓経』における衆生の内なるアートマンは、本来の〈自在性〉を発揮できない「遷移した、アートマンならざるアートマン」であり、一切衆生の内に〈実在〉する、成仏の〈可能性〉である如来蔵・仏性なのである。ここでようやくわたしたちは、当初の目的であった「如来法身の内在によらないで、一切衆生の成仏の〈可能性〉を主張できる説明原理」に辿り着いたことになる。『大法鼓経』は、「如来の常住性」と「アートマンの実在性」に基づいて一切衆生の成仏を保証しようとしたのである。

（5）空性説の超克

『大法鼓経』が如来蔵・仏性系諸経論の中でユニークなのは、如来蔵・仏性を如来法身と見なさないことだけではない。それは、『大法鼓経』に見られる空性説との対決姿勢である。たとえば、『涅槃経』『央掘魔羅経』をはじめとする他の如来蔵系経典には、空性説を説く経典を未了義[53]と見なして批判する意識は確認されないのに対し、『大法鼓経』は空性説を説く経典を未了義であるとして超克しようと試みている。

たとえば、転輪聖王が住するところにはどこにでも七宝が住し、別の場所には決して住することはない。そこには他のみすぼらしい宝が住するのである。それと同様に、安慰説者が出現する時、南方の道からこのような〔『大法鼓経』をはじめとする〕経典群がやって来て、やって来た後に安慰説者の前に赴くであろうが、他の場所に住することはないであろう。そこに空性の章をそなえた他の諸々の未了義経が出現しても、もしそこに安慰

【53】原語は「ネーヤ・アルタ（ネーヤールタ）」。「まだ真の意義を開顕しきっていない」の意。

説者がいれば、〔このような経典群は〕まさにそこに住するであろう【54】。

次は、空性説を説く経典には、まだ解き明かされていない言外の意趣（密意）が残っているとするくだりである。

> 〔世尊は告げた。〕「カーシャパよ、誰かが〝このような経典群は〔仏説では〕ない〟と言ったとしたら、わたしはその者の師でもなく、その者はわたしの弟子でもない。」
> 〔カーシャパは申し述べた。〕「世尊よ、大乗の中にも空性の義を説く経がたくさんございます。」
> 〔世尊は告げた。〕「空性を説くものは何であれ、まだ〔開顕されていない〕密意を残しているものと知りなさい。このような無上の経典群こそ、もはや密意を残していないものと知りなさい。（中略）たしかに空性説や無我説もブッダの教説ではあるが、〔その密意を解くと、如来は〕幾コーティもの煩悩に関して空であり、涅槃しているということなのである。

【54】『大法鼓経』(mDo. Tshu 108a3-6)。

（中略）諸仏世尊は寂静にして恒常な涅槃を得ているのである。[55]」

最後にもう一個所だけ引用しておこう。無我説は世俗の邪見を対治するために説かれたものであり（第一段階）、仏教に摂受したのち大乗に進んで空性説を学ばせ（第二段階）、最後に解脱の常住・実在（不空）を説示する（第三段階）、という三時教判を行っている個所である。

世俗のアートマンなるものを打ち破るために無我を説いたのだ。もしそのように説かなかったとしたら、〔衆生は〕どうして師〔であるわたし〕の教説を信じようか。〝ブッダ世尊は無我をお説きになる〟と奇特の想いが生じてから、その後数多の理由根拠をもって〔仏教の〕教説に導くのである（一）。そのように導いた後、さらに〔大乗という〕上の教えに対しての信が生じ〔大乗に〕入ったなら、空性の教えなどを学ばせ、精進し努めさせる（二）。そしてその後、彼らに〝解脱は寂静・常住・有色である〟と説くのである（三）。

【55】『大法鼓経』（mDo, Tshu 112b1–113a4）。

あるいはまた、世俗の者の中には〝解脱は実在する〟と言う者もあるが、わたしは彼らを打ち破るために〝解脱は決して存在しない〟と説いたのである。もし師がそのように断見と似たものを説かなかったとしたら、〔衆生は〕どうして師の教説を信じようか。それゆえ数多の理由根拠をもって、〝解脱が滅尽であるから無我である〟と説いたのである（一）。その後、解脱が滅尽であるという見解を見て愚かな者たちは滅するので（二）、その後でさらにわたしは数多の理由根拠をもって解脱の実在性を説いたのである（三）。[56]

空性説に対する明確な批判をなした経典として有名なものは、瑜伽行派[57]の基本典籍のひとつとなっている『解深密経』[58]であろう。『解深密経』はその中で、第二転法輪である空性説を未了義のもの（不完全なもの）と見なし、第三転法輪である自らを「無上、無容で、真の了義経」であるとしている。[59] 一方、瑜伽行派の唯識思想と並んで中期大乗仏教を代表する思想は、いうまでもなく本書の主題となっている如来蔵・仏性思想である。如来蔵・仏性思想の代表的論書

【56】『大法鼓経』（mDo, Tshu 113a6–b3）。

【57】原語は「ヨーガーチャーラ」。中観派と並ぶ、インド大乗仏教二大学派のひとつ。瑜伽（ヨーガ）の行法に基づき、唯識説（あらゆる存在はただ識に過ぎないとする見解）を唱えた。

【58】『サンディ・ニルモーチャナ・スートラ』。唯識思想を初めて説いたとされる経典。西暦三〇〇年前後の成立。漢訳には部分訳を含めて、北魏・菩提流支訳『深密解脱経』五巻、唐・玄奘訳『解深密経』五巻、劉宋・求那跋陀羅訳『相続解脱地波羅蜜了義経』一巻、同訳『相続解脱如来所作随順処了義経』一巻、陳・真諦訳『仏説解節経』一巻がある。

【59】ラモット［1935: 85］、高崎［1982: 15–18］、袴谷［1994: 206–220］。

である『宝性論』は、その中で空性説を第二転法輪、自らの如来蔵・仏性思想を第三転法輪と位置づけており、[60] 第三転法輪を唯識説と見るか、如来蔵・仏性説と見るかの差異こそあれ、『解深密経』の場合と同様の主張をなしている。しかし両者の違いは、『解深密経』が空性説を未了義となしているのに対し、『宝性論』は第二転法輪である空性説を未了義とはいわずに、第三転法輪である如来蔵・仏性説を凡夫の五過失[61]を断ずるためのものと捉えている点である。[62] そのため、如来蔵・仏性思想は唯識思想とは異なり、空性説を批判的に超克しようとしたものではないとする見方が従来一般的であった。

しかし本節で見たように、如来蔵・仏性系の経典である『大法鼓経』は、空性説が未了義であるとの立場を明確に打ち出していた。「如来の常住性」と「アートマンの実在性」に基づいて一切衆生の成仏を保証しようとした『大法鼓経』にとって、解脱・如来を空と説くものはそれが何であれ、未了義・第二転法輪として超克されなくてはならなかったのである。このように、『大法鼓経』の空性説に対する対決姿勢は、〝どうしたら修行無用論を回避しつつ、一切衆生の成仏可能性を保証できるのか。そして、それによって一切衆生を仏道

【60】 *RGV* 6.1–7、高崎 [1989: 10, 219–220]。

【61】 本書第四章第一節の末尾（造論の目的）を参照。

【62】 *RGV* 77.9–78.20。ただし『宝性論』は、不空であるものを空と見る態度を戒めているため（*RGV* 75.17–77.8）、『宝性論』が中観的般若空観のみをもって了義としているとの従来の見解には議論の余地がある。

修行に向けて鼓舞できるのか〟という『大法鼓経』の主題と直結するものであり、『大法鼓経』にとってはどうしても主張しなければならないものだったといえる。

近年、インド仏教思想史には一貫して「無」と「有」の二つの潮流があったことが明らかにされた。[63] 如来蔵・仏性思想は両者のうち、「有」の潮流に属する代表例のひとつである。〝無我説のみが仏説だ、「無」の潮流のみが仏教だ〟という考えに基づき、如来蔵・仏性思想を仏教と見なすことに批判的な意見も表明されている（批判仏教）。しかし筆者は、如来蔵・仏性系諸経論が取り組んだ、〝如来蔵・仏性・アートマンがあるからこそ一切衆生は成仏が可能なのだ。だからみんな、挫けることなく成仏へ向かって仏道修行に邁進しよう〟という「仏教徒の決意・誓い・願い」が仏教思想史上にあったこと、[64] 就中、「自分が仏教徒であるとの自覚を持ったうえで、そのような決意・誓い・願いをした方たちがいた」[65] という事実を、今後も大切にしていきたいと考えている。

【63】桂［2011］。

【64】この理解は、RGV 77.12–19, 78.1–20 にも端的に表されている。本書第四章第一節参照。

【65】本書あとがき参照。

あとがき

古来、仏教は医療に喩えられてきた。ブッダである釈尊は医師（医王、大医王）であり、われわれ迷える衆生は患者である。ゴールである覚り（所証の法。アディガマ・ダルマ）が健康であり、釈尊の説示する教説（所説の法。デーシャナー・ダルマ）が、医師が患者に施す治療に相当する。どれほどの名医であろうと、患者にゴールである健康をそのまま授けることはできない。医師は患者の様態に応じて個々別々の治療を施し（救い）、それを通じて患者は自ら健康を回復していく（菩提を覚る）。

仏教におけるブッダの教説（所説の法。デーシャナー・ダルマ）は、衆生の状態に応じて変化してかまわない。これを仏教では「対機説法」や「応病与薬」と呼び慣わしてきた。そしてそのような所説の法（治療薬）の中に、如来蔵思想が存在しているのである。

筆者が学部三年生のとき、東京大学印度哲学研究室（当時。現インド哲学仏教学研究室）の、今は亡き江島恵教先生の講義を受講したことを今日でも思い出す。江島先生は講義の中で「批判仏教」（本書序章第二節参照）について触れ、「〝如来蔵・仏性思想が仏教ではない〟という人たちの発言は、はるか以前に実在していた『涅槃経』の信奉者たちに向かって、〝あなたたちは実は仏教徒ではなかったのですよ〟と言い渡す行為に等しい。そのように、過去の仏教徒を断罪するかのような発言をする権利が、はたして現代の研究者にあるのであろうか」という主旨のことばを仰った。当時は「批判仏教」についても、それ以前に如来蔵思想そのものについても理解が浅かった筆者は、残念なことに深く考えることがなかったように記憶している。ただ、そのような状況でも、江島先生のことばは不思議なことに、筆者の心から離れることがなかった。

縁に導かれ如来蔵思想を専門的に学んだ現在では、そのときの江島先生のことばが痛いほど分かる。長い仏教史の中に、たしかに如来蔵思想は存在していた。そして何よりも、それを自分たちにとって最善の治療薬であると選択した「仏教徒たち」がたしかに存在していたのである。筆者は一研究者として、そして何よりも一人の仏教徒として、如来蔵思想を治療薬として選択した先達たちがいたことを大切にしていきたいと願っている。

略号及び使用テクスト

LAS *Laṅkāvatārasūtra*（『楞伽経』）, ed. B. Nanjio, Kyoto, 1923.

mDo (sna tshogs) 『北京版チベット大蔵経仏説部』「諸経部」

Tu 1b1–156b8（『涅槃経』）

Tsu 133b2–214b8（『央掘魔羅経』）

Tshu 88b5–134a1（『大法鼓経』）

Dzu 121a4–237a6（『大雲経』）

Zhu 259b4–274a1（『如来蔵経』）

RGV *Ratnagotravibhāga-mahāyānottaratantraśāstra*（『宝性論』）, ed. E. H. Johnston, Patna, 1950.

SP *Saddharmapuṇḍarīka*（『法華経』）, ed. H. Kern and B. Nanjio, St. Petersburg, 1908–1912.

VKN *Vimalakīrtinirdeśa: A Sanskrit Edition Based upon the*

Manuscript Newly Found at the Potala Palace（『維摩経』）, Tokyo, 2006.

参考文献

宇井伯寿・高崎直道（校注）『大乗起信論』岩波文庫、一九九四年
勝崎裕彦・小峰弥彦・下田正弘・渡辺章吾（編）『大乗経典解説事典』北辰堂、一九九七年
桂紹隆「インド仏教思想史における大乗仏教――無と有との対論」『大乗仏教とは何か（シリーズ大乗仏教　第一巻）』（桂紹隆／斎藤明／下田正弘／末木文美士編）春秋社、二〇一一年、二五三―二八八頁
下田正弘『涅槃経の研究――大乗経典の研究方法試論』春秋社、一九九七年
下田正弘「如来蔵・仏性のあらたな理解に向けて」『如来蔵と仏性（シリーズ大乗仏教　第八巻）』（桂紹隆／斎藤明／下田正弘／末木文美士編）春秋社、二〇一四年、三―九五頁
鈴木隆泰「仏性の展開――央掘魔羅経・大法鼓経」『如来蔵と仏性（シリーズ

大乗仏教　第八巻）』（桂紹隆／斎藤明／下田正弘／末木文美士編）春秋社、二〇一四年、一六七―二〇四頁
鈴木隆泰『如来出現と衆生利益――『大法鼓経』研究』春秋社、二〇二〇年
高崎直道『如来蔵思想の形成――インド大乗仏教思想研究』春秋社、一九七四年
高崎直道「瑜伽行派の形成」『唯識思想（講座・大乗仏教8）』（平川彰／梶山雄一／高崎直道編）春秋社、一九八二年、一―四二頁
高崎直道『宝性論』講談社、一九八九年
高崎直道『仏性とは何か（増補新版）』法蔵館、一九九七年
高崎直道『如来蔵系経典（大乗仏典12）』中央公論新社、二〇〇四年
袴谷憲昭『唯識の解釈学――解深密経を読む』春秋社、一九九四年
ツィンマーマン『A Buddha Within: The Tathāgatagarbhasūtra. The Earliest Exposition of the Buddha-Nature Teaching in India』The International Research Institute for Advanced Buddhology、二〇〇二年

ラディッチ『The Mahāparinirvāṇa-mahāsūtra and the Emergence of Tathāgatagarbha Doctrine』Hamburg、二〇一五年
ラモット『Saṃdhinirmocana Sūtra : l'Explication des Mystères』Paris、一九三五年

著者紹介

鈴木隆泰（すずき・たかやす）

1964年生まれ。東京大学工学部・文学部卒業。東京大学大学院人文社会系研究科博士課程中退。博士（文学）（東京大学）。現在、山口県立大学教授。2004年日本印度学仏教学会賞受賞。著書に、『葬式仏教正当論 —仏典で実証する』『本当の仏教—ここにしかない原典最新研究による』1～4巻（ともに興山舎）、『如来出現と衆生利益——『大法鼓経』研究』（春秋社）などがある。

シリーズ思想としてのインド仏教

内在する仏　如来蔵

2021年3月20日　第1刷発行

著　者＝鈴木隆泰
発行者＝神田　明
発行所＝株式会社 春秋社
〒101-0021　東京都千代田区外神田2-18-6
電話（03）3255-9611（営業）（03）3255-9614（編集）
振替　00180-6-24861
https://www.shunjusha.co.jp/
印　刷＝萩原印刷株式会社
装　幀＝伊藤滋章

ISBN 978-4-393-13446-7　定価はカバーに表示してあります

◎シリーズ思想としてのインド仏教◎

真理への目覚め　ブッダ	新田智通	予価 2200 円
サンガの生活　律蔵	青野道彦	予価 2200 円
存在を問う　アビダルマ	一色大悟	予価 2200 円
中道を生きる　中観	計良龍成	予価 2200 円
心と実存　唯識	高橋晃一	予価 2200 円
内在する仏　如来蔵	鈴木隆泰	2200 円
超仏の実践　密教	種村隆元	予価 2200 円

＊書名は変更になることがあります

＊価格は税別